LE DEVOIR

DE

L'AMÉRIQUE

EN FACE DE LA GUERRE

THÉODORE ROOSEVELT

LE DEVOIR

DE

L'AMÉRIQUE

EN FACE DE LA GUERRE

*Crains Dieu et ne crains pas
de faire ton devoir.*

PARIS

LIBRAIRIE ACADÉMIQUE

PERRIN ET Cie, LIBRAIRES-ÉDITEURS

35, QUAI DES GRANDS-AUGUSTINS, 35

1917

PRÉFACE DE L'AUTEUR

Ce livre est formé en partie d'articles écrits par moi pour le *Métropolitan Magazine*. Mais il s'y trouve aussi certains chapitres nouveaux, et il n'y a pas un seul des articles susdits où je n'aie apporté maintes additions. Je me suis seulement abstenu d'en retrancher les passages où, — au risque d'être accusé de me répéter, — j'insistais de plus en plus vivement sur certains principes généraux déjà exposés par moi dans des pages précédentes.

Ces principes que l'on trouvera développés dans mon livre sont simplement ceux du véritable américanisme appliqué aussi bien à l'intérieur qu'au dehors de nos frontières. Ce sont les mêmes principes que j'ai prêchés et pratiqués de mon mieux pendant les trente-cinq

.années écoulées depuis le jour où, tout jeune encore, j'ai commencé à m'intéresser activement à l'histoire et à la vie politique de mon pays.

T. R.

Sagamore Hill, février 1916.

LE DEVOIR DE L'AMÉRIQUE
EN FACE DE LA GUERRE

CHAPITRE PREMIER

CRAINS DIEU ET NE CRAINS PAS
DE FAIRE TON DEVOIR !

Les lecteurs du romancier anglais Borrow reconnaîtront dans le titre de ce chapitre une phrase employée par l'héroïne de *Lavengro* :

« Crains Dieu ; et ne crains pas de faire ton devoir ! »

Craindre Dieu, dans le véritable sens du mot, veut dire, aimer Dieu, respecter Dieu, honorer Dieu, toutes choses auxquelles on n'arrive vraiment qu'en aimant son prochain, en le traitant avec humanité, et, d'une manière générale, en s'efforçant de le protéger contre la violence ; en obéissant, autant que notre fragilité humaine nous le permet, à la grande et immuable loi de justice.

Nous craignons Dieu lorsque nous rendons la

justice et aussi lorsque nous la demandons pour
les hommes de notre propre bord. Au contraire,
nous manquons aux enseignements du bon
droit lorsque nous ne rendons pas et ne demandons pas cette justice. Et nous devons cette justice aux faibles tout de même qu'aux forts. Si
nous nous laissons aller à une mesquine envie
et si nous témoignons de la haine à ceux dont
la situation est meilleure que la nôtre, nous ne
craignons pas Dieu. Et nous le craignons encore
bien moins si nous montrons une basse arro-
gance et un manque égoïste de considération
vis-à-vis de ceux qui sont moins favorisés que
nous. Nous devons appliquer les mêmes principes à l'égard d'un homme ou d'une femme,
d'un riche ou d'un pauvre, d'un patron ou d'un
employé. Nous devons organiser notre vie sociale
et industrielle de telle façon qu'elle assure à
tous les hommes une chance relativement égale
de prouver de quoi ils sont capables. Nous
devons cultiver l'honnêteté, la justice, la pitié,
la vérité dans nos rapports avec nos propres
concitoyens. En dehors d'eux, nous devons
traiter les autres nations comme nous voudrions
être traités par elles, les jugeant dans chaque

crise comme nous désirerions qu'on nous
jugeât nous-mêmes, c'est-à-dire, d'après notre
conduite dans cette crise. Si elles agissent mal,
nous montrons que nous craignons Dieu lorsque,
sans faiblesse, nous témoignons contre elles et
lorsque nous nous opposons à leurs violences
avec toute l'énergie nécessaire. Si elles agissent
bien, nous ne devons pas, nous, mal agir envers
elles. Enfin, si nous sommes réellement attachés à un noble idéal, nous devons, autant que
nos forces nous le permettent, les aider dans les
circonstances où elles sont lésées par d'autres.
Lorsque nous restons tranquillement assis pendant que la Belgique est écrasée, lorsque nous
roulons les yeux en parlant beaucoup et avec
onction de notre « devoir de rester neutres »,
nous prouvons par là que nous ne craignons
pas réellement Dieu. Bien au contraire, nous
témoignons par là d'une peur extrême du diable,
et d'un ignoble empressement à le servir.

Mais en plus de la crainte de Dieu, il est nécessaire que nous nous mettions en état de faire
notre devoir. L'homme dépourvu de ce courage
est un fardeau pour la communauté, une source
de faiblesse, un mauvais exemple pour ceux

qui agissent mal et une charge de plus aux hommes qui veulent faire ce qui est bien. Si un homme n'a pas l'énergie de prendre ses responsabilités, il faut que quelqu'un d'autre les prenne pour lui, et ainsi sa faiblesse, sa lâcheté et son incapacité, placent un fardeau de plus sur les épaules d'un autre homme dont les forces se trouvent diminuées d'autant. Et ceci est aussi vrai pour les nations que pour les hommes. Un pays incapable de faire son devoir est, parfois, presque aussi préjudiciable au reste du monde que s'il était franchement nuisible aux autres. Aussi un peuple doit-il être prêt à défendre son honneur et son intérêt contre toute agression venue du dehors ; et ceci a pour conséquence nécessaire que dans une démocratie libre, chaque homme capable de devenir un bon citoyen doit recevoir une éducation appropriée lui permettant de faire tout son devoir vis-à-vis de sa Patrie, en temps de guerre comme en temps de paix.

Or, pour que nous puissions servir Dieu et faire notre devoir, il faut que nous soyons foncièrement Américains et que notre patriotisme constitue l'essence même de notre être. Quoi qu'il puisse arriver dans un lointain avenir, pour le moment aucun peuple ne peut rendre de service à l'humanité à moins que, comme peuple, il possède un sens profond de cohésion nationale et de solidarité. L'homme qui aime les autres nations autant que la sienne va de pair avec celui qui aime d'autres femmes autant que la sienne propre. Les États-Unis ne peuvent faire beaucoup pour l'humanité sans développer avec intensité, chez leurs concitoyens, l'esprit d'américanisme. Un cosmopolitisme flasque, surtout s'il se manifeste par un pacifisme anémiant, est non seulement mauvais, mais dégradant. Il est l'indice d'une regrettable émasculation nationale. Ceux qui enseignent toutes les formes d'américanisme mitigé sont les ennemis de ce pays aussi pleinement que s'ils demeuraient hors de ses frontières et lui faisaient une guerre active. Ceci n'est pas une figure de rhétorique ni une hyperbole. Les chefs de ce mouvement en Amérique (qui, durant les dix-huit derniers mois, ont été des Germano-Américains et des Austro-Américains) sont aussi, cela va de soi, les ennemis de la préparation à la guerre. J'ai sous les yeux une petite brochure mise en circulation par une organisation germano-américaine, et contenant des articles écrits par un germano-américain pour un journal se déclarant le principal organe allemand en Illinois. Cette brochure attaque violemment la politique de préparation des États-Unis, et calomnie les hommes qui la préconisent. Il serait, en effet, de l'intérêt de l'Allemagne de transformer les États-Unis en une Belgique plus grande, pour le jour où elle voudrait s'en emparer. Ces Germano-Américains et ces pro-Allemands sont anti-Américains jusqu'au fond du cœur. Ils jouent le rôle de traîtres purement et simplement. Il y a eu un temps où notre pays « ne pouvait endurer une demi-liberté et un demi-esclavage ». Aujourd'hui il est acquis qu'il ne peut accepter d'être à demi-américain et à demi-étranger.

Le patriotisme doit faire intégralement partie de notre caractère en tout temps, car il n'est qu'une façon différente de désigner les qualités d'âme permettant à un homme, pendant la paix comme pendant la guerre, durant le jour ou durant la nuit de remplir envers ses concitoyens et envers la nation un devoir où les

aspirations les plus hautes de leurs cœurs trouvent leur expression la plus entière. Après le
torpillage de la *Lusitania*, M. Wilson a déclaré
positivement que le moment n'était pas propice
à exalter le patriotisme. Cette affirmation est
entièrement incompatible, en quelque circonstance que ce soit, avec un sentiment quelconque
de réel patriotisme. Elle aurait pu aussi bien
être énoncée par George Washington aussitôt
après la défaite de Brandywine, ou par Abraham
Lincoln après la reddition du Fort de Sumter,
et si, au moment de l'un ou l'autre de ces deux
événements, nos chefs s'étaient inspirés de semblables principes, nous n'aurions pas aujour-
d'hui une patrie à nous. Le patriotisme est un
devoir aussi bien pendant la guerre que pendant la paix, et il en est un plus que jamais au
moment des grandes crises. Commettre une
folie ou faire le mal, agir inconsidérément ou
incorrectement au nom du patriotisme, n'est
pas du tout du patriotisme, mais au contraire
une façon de se servir de ce sentiment pour le
déconsidérer. Le patriotisme est non seulement
nécessaire en chaque occasion et à tout moment,
mais il doit, dans chaque crise sérieuse, être

porté à son paroxysme. Le devoir d'un chef est de conduire, et il est profondément regrettable qu'un homme choisi pour conduire ses concitoyens fasse preuve non seulement d'absence de patriotisme, mais encore de manque de compréhension du patriotisme au point de dire, en pleine crise, les paroles prononcées par le président Wilson au moment du crime de la *Lusitania*. Cette déclaration, et cette autre, faite au même moment, suivant laquelle notre pays « serait trop fier pour combattre », donnent la clef de toute la politique suivie par le gouvernement, à la fois avant et depuis.

Cette politique a été cause que notre grande démocratie a failli à ses devoirs et à son idéal dans une terrible crise mondiale, au moment où, bien dirigée, elle eut rendu un service inestimable à toute l'humanité, et aurait pu mériter, grâce à la noblesse de son rôle, une place plus haute qu'auparavant.

Le patriotisme, bien loin d'être incompatible avec le respect du devoir envers les autres nations, est au contraire indispensable à l'accomplissement de ce devoir. Craignez Dieu, et ne craignez pas de faire votre devoir. Si les

États-Unis avaient craint Dieu, ils se seraient levés pour défendre les Belges et les Arméniens ; s'ils n'avaient pas craint de faire leur devoir, l'attaque criminelle contre la *Lusitania* n'aurait pas eu lieu, nos hommes et nos femmes n'auraient pas été outragés ou assassinés au Mexique. Le véritable patriotisme ne porte en lui aucun ferment de haine, mais, au contraire, un désir très vif de bonne volonté consciente vis-à-vis des autres pays, une bienveillance qui se marque par des actes et non par des paroles. Le nationalisme tel que je le comprends est un acheminement vers l'internationalisme. La paix du monde doit reposer sur la bonne volonté des nations, accompagnée de courage, de froide prévoyance, et de promptitude au sacrifice de soi-même pour défendre le système de lois internationales. Aucun pays ne peut s'assurer une communauté mondiale organisée, pacifique et juste, à moins d'accepter de courir les risques que comporte cet état de choses, et de faire tous ses efforts pour établir et maintenir une telle communauté.

La nation qui, en pratique, craint Dieu est

celle qui ne lèse pas ses voisins, qui les aide autant qu'elle le peut, et qui ne promet jamais ce qu'elle n'est pas en état de tenir. Les pacifistes professionnels, officiels ou non, qui, dans les congrès pour la paix, votent des lois grotesques et se portent garants de traités impossibles à appliquer, ces pacifistes ne servent pas Dieu, mais Baal, et ne font rien de bon pour personne. Si, en outre, ces amoureux de la paix, en présence de situations comme celles de la Belgique et de l'Arménie, craignent de dénoncer et de contrarier celui qui agit mal, ils cessent d'être les agents simplement passifs du diable, pour devenir ses agents actifs. Les pacifistes professionnels qui, avant la guerre, applaudissaient aux traités universels d'arbitrage et aux propositions de désarmement, ont tenu chez nous, depuis la guerre, des meetings pour la défense de la paix. Ils ont cherché à imposer, aux héros qui combattaient contre l'infamie, une paix conçue dans l'intérêt des auteurs de cette infamie. Ils n'ont pas osé dire qu'ils voulaient une paix qui rétablirait la Belgique dans ses droits. Ils n'ont pas osé dénoncer la guerre d'agression de l'Allemagne contre la Belgique.

Leurs âmes étaient trop petites, leur timidité trop grande. Ils avaient même peur d'approuver la guerre de défense soutenue par les Belges. Ces pacifistes ont servi la morale, et ont montré qu'ils craignaient Dieu, exactement comme les Pharisiens lorsqu'ils prononçaient de longues prières en public, sans lever seulement le petit doigt pour alléger le fardeau des opprimés. Lorsque M. Wilson et M. Bryan ont empêché notre pays de faire son devoir vis-à-vis de la Belgique, ils nous ont fait manquer à tous nos idéals ; car ils ont agi et fait agir le gouvernement dans cet esprit d'opportunisme commercial qui refuse d'obliger les autres à moins d'y trouver un profit pécuniaire quelconque pour soi-même : et un tel mélange de timidité mesquine et de bas opportunisme est particulièrement odieux du fait que ceux qui le pratiquent ont cherché à le dissimuler sous une profession de sentimentalité verbeuse et de protestations d'attachement à d'impossibles et à d'indésirables idéals. Cette faute est coutumière à la plupart de nos hommes politiques (et à pas mal de nos moralistes professionnels, laïques et cléricaux) qui dissimulent la faiblesse ou la bassesse des actes derrière une fausse éloquence destinée à favoriser des utopies impraticables. Le vrai serviteur du peuple est celui qui prêche un idéal réalisable et qui s'y conforme lui-même.

De plus, à propos de ces pacifistes qui se déclarent désireux de voir notre pays craindre Dieu, j'ajouterai que, si nous sommes incapables d'accomplir notre devoir, le fait de craindre Dieu n'a aucune portée utile pour personne. Personne ne s'occupe de savoir si les sentiments des Chinois sont ou non contre l'injustice internationale, car, la Chine étant absolument incapable de faire son devoir, il lui est donc interdit d'assumer celui d'un autre et de protéger la justice et le droit. Les pacifistes qui cherchent à « chinaliser » les États-Unis ne nous poussent pas seulement à la ruine, mais s'efforcent de nous rendre tout à fait inaptes à aider les nations honnêtes opprimées par la puissance militaire de peu scrupuleux voisins plus forts qu'elles.

Les pacifistes professionnels, les chefs du mouvement pacifiste aux États-Unis font beaucoup de mal, surtout, en donnant aux gens bien

intentionnés, mais mal informés, une excuse
convaincante pour leur manque de courage et
de résolution. Ceux qui prêchent la paresse et
la lâcheté sous le nom sonore de « paix » donnent au peuple un prétexte pour cacher, aux
autres et à soi-même, son impuissance à remplir un devoir peu agréable. Celui qui se
lève pour défendre ses droits, ou ceux de ses
semblables, montre qu'il est plein de qualités
viriles : de courage, de prévoyance, d'ardeur à
faire face au danger et à l'effort. L'homme
moyen n'aime pas risquer la mort et endurer la
fatigue ou la douleur, mais il peut être amené à
faire son devoir par un chef de la bonne espèce,
par un Washington ou un Lincoln, qui font
appel aux plus hauts sentiments en même temps
qu'aux qualités les plus nobles de son âme. Au
contraire un chef, ou du moins l'homme qui en
tient la place, mérite la réprobation unanime
s'il se sert de sa parole pour endormir l'énergie
de ses concitoyens, s'il leur assure qu'il est de
leur devoir d'agir avec égoïsme, et s'il les amol-
lit par des phrases sonnant haut mais couvrant
un lâche renoncement aux devoirs durs et
pénibles.

La paix n'est pas une fin, mais la loyauté en est une. Lorsque le Sauveur a vu les marchands installés dans le Temple, pas un instant il n'a hésité à rompre la paix en procédant à leur expulsion. Au lieu de maintenir la paix, comme il l'aurait fait s'il avait consenti à se tenir tranquille en présence du mal, le Sauveur s'est armé d'un faisceau de cordes et a chassé du temple tous les trafiquants. C'est uniquement le bien qui doit être la fin de nos actions humaines, la paix n'est jamais qu'un moyen en vue de cette fin ; et il y a des cas où ce n'est pas la paix, mais la guerre qui est le bon « moyen » d'atteindre cette fin. Le triomphe du bien réussit toujours, tôt ou tard, à ramener la paix : mais il s'en faut que la paix ait pour suite nécessaire d'amener, ici-bas, le triomphe du bien.

Quant à la neutralité, on doit se souvenir qu'elle n'est jamais morale, et peut même être une forme particulièrement basse de l'immoralité. En soi elle est purement amorale, c'est-à-dire ni morale ni immorale ; et parfois elle peut être sage et utile. Mais elle n'est jamais une chose dont on puisse être fier ; et parfois il

arrive que l'on ait à en être profondément honteux. Ainsi il est honteux d'être neutre entre le
bien et le mal. Impartialité n'est pas synonyme
de neutralité. La justice impartiale ne consiste
pas à être neutre entre le bien et le mal, mais à
rechercher le bon droit et, lorsqu'on l'a trouvé,
à le soutenir contre le mal. Bien, plus, si on
tolère une première injustice, on s'expose à ce
que toutes les protestations ultérieures contre
des fautes nouvelles et moindres paraissent
hypocrites et demeurent sans effet. Si nous
avions protesté sérieusement contre la violation
de la Belgique par l'Allemagne et contre le
torpillage de la *Lusitania*, nous aurions pu protester ensuite contre toutes les autres infrac-
tions moins importantes faites à la loi internationale et à la morale, y compris celles qui
entravent notre commerce ou n'importe quel
droit des neutres. Il est certain que le fait de
se contenter de pérorer et d'écrire des notes
lorsque nos femmes et nos enfants sont assassinés, rend choquantes et ridicules nos réclama-
tions ultérieures au sujet des libertés excessives
que prennent les belligérants avec le commerce
américain.

Les pacifistes se sont servis de toutes sortes
d'arguments en faveur d'une soumission rési-
gnée à la violence internationale ; et en particulier ils ont sorti le très vieil argument fondé
sur la doctrine prétendue de l'Évangile contre
la guerre. D'abord, ainsi que je l'ai déjà dit,
cet argument est incompatible avec la leçon
que nous donna le Sauveur lorsqu'il expulsa les
marchands du Temple. Et j'ajouterai même
que la nécessité de se préparer à la guerre n'a
jamais été exposée plus fortement que par
saint Luc disant : « Celui qui n'a point d'épée
doit vendre son habit pour en acheter une ».
En second lieu, cet argument des pacifistes est
uniquement une manifestation de cette adroite
casuistique qui peut détourner dans n'importe
quel sens les enseignements isolés de l'Évangile.
Il est de fait que l'Évangile ne s'occupe absolument pas de la guerre. Durant la période qu'il
embrasse, il n'y avait pas de guerre en Judée,
et la question de la guerre ne se posait point.
Les préceptes évangéliques dont se servent les
pacifistes n'ont pas trait à la guerre, mais à des
questions concernant des violences individuelles ou populaires, et relevant uniquement

de la police intérieure. Lorsque l'on s'adresse à des pacifistes sincères et logiques, ils reconnaissent ce fait. Il existe, il est vrai, des écoles de pacifistes qui refusent de se servir de la police pour protéger leur personne et celle des êtres qui leur sont chers. Les individus de ce type sont au moins conséquents dans leur horreur même d'une juste guerre. Si un homme, de propos délibéré, décide qu'il ne s'indignera pas de voir sa femme frappée au visage, qu'il n'essayera pas, par la force, de sauver sa fille d'un outrage, qu'il désapprouvera l'agent de police qui intervient pour sauver un enfant enlevé par un bandit de la Main Noire, alors cet homme est logique en s'opposant à la guerre. Naturellement, à mon avis, un pareil individu fait preuve d'une mentalité odieuse et dégradante qui le rend indigne de vivre parmi les autres hommes, car, en réalité, il ne peut subsister en ce monde que grâce à la protection à l'aide que lui accordent ses semblables en vertu d'un principe qu'il refuse lui-même d'admettre.

Je maintiens donc qu'une semblable doctrine est profondément immorale et anti-patriotique. Mais, néanmoins, les hommes qui la soutien-

nent essaient logiquement d'appliquer les principes qu'ils professent. Tandis que si MM. Bryan,
Jordan, Ford, et les autres pacifistes professionnels étaient sincères lorsqu'ils refusent d'admettre toute guerre, même juste, ils devraient
au nom de leurs théories désavouer l'homme
qui, par la force, tente de protéger sa fille
contre l'infamie, et la femme qui oppose son
faible courage à la brutalité du voleur de son
enfant. Tous ces Messieurs, en ce qui concerne
leurs propres familles, doivent approuver
l'inertie devant le vol ou la traite des blanches
et désapprouver leur répression par la police;
faute de quoi ils se montrent complètement
inintelligents ou font preuve de mauvaise foi
lorsqu'ils condamnent la préparation nationale
destinée à permettre une juste guerre, pour
notre bien et pour celui des autres.

Prenons garde de confondre les mots avec
les choses! Les admirateurs du président Wilson
le portent aux nues parce qu'il nous a épargné
la guerre. De temps à autre l'un d'entre eux dit,
inversement, qu'en aucun cas le président Wilson n'aurait pu déclarer la guerre, parce que
celle-ci ne peut être déclarée que par le Con-

grès. Mais il est un fait certain, c'est que le
président Wilson a déclaré la guerre à la fois
lorsqu'il s'agissait d'Haïti et du Mexique.

Cela est affaire de faits et non de mots.
Lorsque nos armées attaquent le port principal
d'un pays étranger, comme nous l'avons fait
dans les deux cas susdits, et s'en emparent par
la force, après des conflits dans lesquels des
centaines des nôtres et de nos adversaires sont
tués et blessés, il s'agit là sûrement d'un acte
de guerre. Il peut arriver qu'un conflit armé
comme celui que M. Wilson eut la vigueur
d'engager contre la petite île d'Haïti (car
M. Wilson n'a pas peur d'Haïti), se termine
par un grand succès ; il arrive aussi qu'elle soit
moins brillante, comme la petite expédition de
M. Wilson à Mexico. Mais l'une et l'autre ont
été des guerres, et chacune fut déclarée sans
aucune intervention de Congrès. M. Wilson a
envoyé la flotte à Vera-Cruz, et a voulu qu'on
rendît les honneurs au drapeau américain. Les
hommes portant l'uniforme des États-Unis qui
ont eu à transmettre cet ordre ont été décimés,
non sans avoir également fait beaucoup de
victimes. M. Wilson, alors, s'est désisté et a

retiré nos forces sans atteindre l'objet qu'il
avait en vue. Sa petite guerre a été une guerre
honteuse, et il l'a perdue : mais, sans aucun
doute, c'était une guerre.

Quelques-uns de ses défenseurs font remarquer, il est vrai, que malgré son échec dans
l'objet avoué de la guerre, il a réussi tout au
moins dans l'objet inavoué qui consistait à
chasser Huerta au profit de Villa. Cela est
naturellement l'aveu que leur propre affirmation en faveur de M. Wilson est fausse, suivant
laquelle il aurait maintenu la paix dans le pays ;
et, au contraire, cela prouve qu'il l'a livré à la
guerre, non pas pour le bien public, mais pour
sa satisfaction personnelle. Affirmation qui est,
naturellement, en contradiction absolue avec
les propres prétentions de M. Wilson, quand
celui-ci nous déclare n'être pas intervenu à
Mexico. Et ainsi les admirateurs de M. Wilson
se trouvent prendre étrangement sa défense en
criant à tue-tête que ses assertions sont fausses.

En fait, dans ce cas, ils ont raison. M. Wilson
est plus d'une fois intervenu pour faire la
guerre au Mexique. Mais jamais il ne l'a fait
pour assurer la sécurité des Américains et

autres étrangers. Jamais non plus il ne l'a fait pour assurer le triomphe de la justice et de la paix parmi les Mexicains eux-mêmes. Il l'a fait uniquement dans l'intérêt de quelque chef de bandits qui lui plaisait à ce moment-là, afin de nuire à un autre chef de bandits qui avait eu, pour l'instant, le malheur de lui déplaire. Dans de telles circonstances, sa méthode d'action et sa manière de défendre cette action ont été dignes d'un rhéteur byzantin, mais non pas d'un homme d'État américain, fidèle aux traditions de Washington et de Lincoln et héritier de la gloire des soldats de Grant et de Lee.

M. Wilson a été nommé président au moment où la nation avait instamment besoin de faire preuve d'énergie et d'activité. Or, il n'a été actif qu'en paroles. Un ami, m'écrivant la dernière veille de Noël, me faisait remarquer qu'il venait justement de trouver dans *Cymbeline*, de Shakespeare, un passage qui pouvait s'appliquer à notre président actuel :

Je t'en prie, arrête, et cesse de jouer, en vaines paroles de courtisane, avec des choses aussi sérieuses !

La paix n'est pas une question de mots, mais de faits. Si plusieurs crimes sont commis dans

une ville, et si la police n'est pas assez forte
pour oser en faire mention officiellement, cela
n'empêche pas que les crimes aient été commis
et que la vie humaine soit peu sûre dans cette
ville. Il en est absolument de même pour les
crimes internationaux : là encore, il n'importe
aucunement de savoir si les gouvernants responsables, dans les nations dont les citoyens
ont perdu la vie, reconnaissent ou ne reconnaissent que ces nations sont en guerre. Depuis
trois ans nous sommes théoriquement en paix.
Mais pendant ces mêmes trois années nous
avons perdu, du fait des Mexicains, des Allemands, des Autrichiens, et des Haïtiens, un
plus grand nombre de nos compatriotes que
pendant toute notre dernière guerre contre
l'Espagne. Il est vrai que les citoyens américains
tués pendant ces trois années passées étaient
pour la plupart des non-combattants, y compris
des femmes et des enfants, encore que beaucoup d'hommes portant l'uniforme national
aient également été massacrés, et quelques-uns
même sur le sol américain. Mais le fait que des
femmes et des enfants sont tués à la place
d'hommes forts portant l'uniforme militaire, ce

fait augmente l'horreur plutôt qu'il ne la
diminue. Nous avons eu, je le répète, beaucoup
plus de citoyens assassinés sur notre propre sol
durant cette prétendue période de paix, par les
bons soins des émissaires de gouvernements
étrangers et de leurs bombes, beaucoup plus
de propriétés américaines détruites, que pendant notre guerre ouverte avec l'Espagne. Et
quant à ce qui est de la fâcheuse timidité de
M. Wilson, aucun bénéfice quelconque pour
nous ou pour l'humanité en général n'est venu
compenser ces pertes de vies humaines et cette
destruction des propriétés, au cours des trois
dernières années, tandis que la courte guerre
hispano-américaine a valu d'incalculables profits à Cuba, à Porto-Rico, et aux îles Philippines, comme aussi à nous-mêmes.

Il y aura un an, le 12 février prochain, que
l'Allemagne fut avertie que, si un seul Américain était tué, l'Empire germanique en serait
rendu responsable. Or, durant ces mêmes
onze mois, les navires de commerce coulés par
les sous-marins allemands ou autrichiens, au
mépris de nos avertissements, ont été entre
autres : le *Falaba*, la *Lusitania*, l'*Ysaka*, la

Ville-de-la-Ciotat, et le *Persia*. Ces navires étaient les uns anglais, les autres italiens, japonais, ou français, mais des centaines d'Américains se trouvaient parmi les passagers, et une grande quantité d'entre eux, parmi lesquels des femmes et des enfants, ont perdu la vie. Le nombre total des personnes mortes à bord de ces navires, depuis mars 1915, atteint de 2.000 à 2.100. Cette campagne a été une campagne de meurtre sur une échelle beaucoup plus vaste que n'importe laquelle des campagnes menées jadis par les pirates de l'Océan Indien ou du continent espagnol. A l'heure actuelle, le total des morts de non-combattants, y compris les femmes et les enfants, dépasse de beaucoup celui des pertes subies, au cours des batailles navales de 1812, par des Américains et des Anglais réunis. Ce total est presque le double de celui des pertes totales de la marine anglaise dans les trois grandes victoires de Nelson : la bataille de Trafalgar, la bataille du Nil, et celle de la Baltique. Il est très supérieur au nombre des morts de la marine de l'Union, et même de l'Union et de la Confédération réunies, durant notre guerre civile. Notre pays a obtenu ce beau résultat en demeurant « paci-fique » durant l'année dernière, tandis que de paisibles paquebots, sur lesquels des citoyens américains voyageaient, perdaient plus de monde que notre marine pendant les guerres passées. S'il se trouve un individu satisfait malgré tout, pour la seule raison que cet état de choses s'est appelé une « paix » et non une « guerre », cet individu ne mérite pas que l'on discute avec lui ; car il demeure dans un monde fait de fictions et de mirages. J'ajouterai en passant qu'une autre conséquence de notre conduite a été de nous attirer le mépris et la dérision des autres nations, à cause de la manière dont le meurtre de centaines d'Américains en temps de paix a échoué à nous tirer de notre inertie. Le sénateur des États-Unis, le gouverneur d'un des États, ou n'importe quel représentant public acceptant la thèse d'après laquelle nos concitoyens ne devaient pas, d'après les conventions légales, voyager sur ces susdits bateaux, de telle manière que, nous n'avions pas à nous émouvoir officiellement de leur mort, cet homme-là garde une attitude absolument aussi vile et aussi lâche (je me sers de ces mots dans leur sens le plus précis) que si, sa femme ayant été frappée au visage dans la rue, il se bornait à lui défendre de sortir désormais de sa maison.

Notre conduite à l'égard des nations étrangères a été un mélange de soumission honteuse devant la violence et de reniement égoïste de la parole donnée et des devoirs qu'elle implique. L'article 6 de la Constitution porte que « les traités sont la Loi Suprême de la nation ». Or, la Convention de la Haye a été un traité de cet ordre. Elle contenait la garantie que l'Allemagne ne violerait pas la neutralité des nations neutres, spécialement celle de la Belgique, et garantissait aussi que, en cas d'attaque, la Belgique prendrait les armes pour résister à la violation de sa neutralité. L'Allemagne a donc manqué à sa promesse solennelle qu'elle nous avait donnée, et a outragé la « loi suprême de notre nation » ; la Belgique, au contraire, a satisfait aux engagements qu'elle avait pris envers les États-Unis, l'Allemagne, la France, et la Russie. Quant à nous, nous avons éludé notre devoir en n'agissant pas, en ne protestant même pas, contre le crime, en laissant violer un traité que nous avons proclamé la « loi suprême » de notre nation, et en annonçant, par l'organe de notre Président, que « nous resterons neutres, en pensée aussi bien qu'en actes, » entre l'oppresseur et l'opprimé.

Nous avons été également coupables dans notre inertie à préparer notre propre défense militaire. Notre premier devoir est, en effet, de nous préparer ainsi de la façon la plus énergique, et de payer le prix nécessaire pour cette préparation. Il y a sept ans, nous étions, relativement à la situation du reste du monde, beaucoup mieux préparés que nous ne l'avions jamais été auparavant dans notre histoire. Notre marine, par son importance et son efficacité, était la seconde du monde. Les îles Philippines avaient été pacifiées, l'ordre et la paix régnaient à Mexico, et la Convention de la Haye, dont on pouvait croire qu'elle serait respectée et déclarée obligatoire par des nations amies de la paix et soucieuses d'obéir aux lois, aurait pu réglementer la conduite de la guerre, circonscrire ses limites, et réduire au minimum ses chances d'avènement. Dans de telles conditions, notre armée régulière se trouvait très suffisante (pourvu seulement que l'on eût continué à augmenter son importance de la même façon qu'on l'avait fait pendant les années précédentes), car notre marine était alors notre principale ligne de défense.

Lorsque j'étais Président, j'eus l'occasion d'attirer l'attention du Congrès sur le système suisse du service militaire obligatoire, qui me semblait pouvoir servir de modèle aussi bien à nous qu'aux autres démocraties ; mais, à ce moment, la situation ne paraissait pas justifier la moindre alarme au point de vue militaire. Tandis que ce qui s'est produit depuis un an et demi a forcé tout homme clairvoyant et raisonnable à admettre que nous vivions désormais dans un monde nouveau. Or, pendant ce temps, nous avons laissé notre marine déchoir à un degré honteux et alarmant ; nous avons montré par notre conduite, lors de la violation des Conventions de la Haye, que de tels traités sont tout à fait sans valeur, puisqu'ils n'offrent pas la plus petite sauvegarde contre une agression. Et, par-dessus tout, l'immense champ d'action et l'échelle gigantesque des opérations militaires actuelles nous montrent que nous avons besoin d'une préparation plus forte qu'aucun homme d'État américain n'a pu la rêver jusqu'ici.

Il y a dix-huit mois que la grande guerre a commencé. Lorsque nous avons vu des forces aussi puissantes se déchaîner, et lorsqu'il nous a été démontré que les traités établis en vue d'assurer la protection des nations et d'atténuer les horreurs n'étaient que des « chiffons de papier », nous n'avons pas eu besoin de beaucoup de prescience ni d'un grand sens politique pour comprendre qu'il nous fallait, à tout prix, préparer en hâte notre propre défense, et cela sur une échelle appropriée à la situation. Or, il est arrivé en outre que des hommes, des femmes, des enfants de notre pays ont été massacrés, de nombreuses fois, par les Allemands et les Mexicains ; et voici que nous avons accepté lâchement tous ces outrages que l'Allemagne et le Mexique portaient à nos droits ! C'est là une chose qu'aucune nation ne saurait faire sans abdiquer tout respect d'elle-même et sans encourir le mépris du reste de l'humanité. Pourtant rien n'a été tenté pendant ces dix-huit mois. Quatre mois après le début de la guerre, le Président, dans son message au Congrès, s'est ouvertement déclaré contre toute préparation militaire du genre qu'il fallait. A l'heure actuelle, notre force ne s'est pas augmentée d'un soldat ni d'un marin, d'un canon ni d'un bateau, parce que, durant ces derniers temps, rien n'a été essayé pour faire face à l'effroyable catastrophe mondiale. A la fin, toutefois, le sentiment populaire a parlé si haut que le Président a dû lui faire l'honneur de se proclamer partisan d'une sorte de demi-préparation inefficace et tardive. Mais, même à présent encore, rien de sérieux n'a été fait. On se contente toujours de vagues projets, et aucun signe n'indique qu'on comprenne la nécessité et l'urgence d'une décision immédiate. Les neuf dixièmes de la vraie sagesse consistent à être sage en temps nécessaire. Jamais encore, dans l'histoire de notre pays, on n'a vu une crise de folie aussi grave et persistante s'emparer d'une collectivité et la pousser, en face de l'immense débâcle des nations, à attendre dix-huit mois avant de faire un semblant d'effort, — effort totalement inefficace et insuffisant, d'ailleurs — pour se protéger du désastre.

Si le Président Wilson avait montré le patriotisme désintéressé, le courage et la prévoyance indispensables exigés par cette crise formidable, je l'aurais soutenu avec un enthousiasme sincère. Mais son action, ou plutôt son inaction, a été telle que j'ai bien conscience, en les combattant, de remplir un devoir de patriotisme. Aucun homme ne peut soutenir M. Wilson sans faillir à tout idéal de devoir national et d'humanité internationale. Personne ne peut le soutenir sans être en opposition avec le vrai, le grand américanisme. Il est impossible, si l'on soutient M. Wilson, d'être partisan d'une sérieuse préparation militaire. Aucun homme ne peut soutenir M. Wilson sans, en même temps, soutenir une politique d'inertie criminelle à l'égard de la marine et de l'armée des États-Unis, une politique de renoncement au devoir des États-Unis envers les nations faibles et maltraitées, une politique d'abandon de nos propres droits légitimes quand nous sommes nous-mêmes victimes de nations puissantes et sans scrupules.

J'ai bien profondément regretté d'avoir à me trouver séparé d'un grand nombre d'amis allemands qui ont estimé que j'avais été injuste pour l'Allemagne. J'ai éprouvé aussi beaucoup de peine de voir que ma situation demeurait incomprise, dénaturée, et blâmée par beaucoup de mes compatriotes auxquels je m'étais autrefois attaché, mais qui se sont laissés aveugler par leur culte pour l'Allemagne, — d'où eux-mêmes ou leurs ancêtres étaient originaires, — touchant leurs devoirs envers les États-Unis et l'humanité en général. Je tiens à dire ici nettement que cette attitude n'a été adoptée que par une minorité d'Américains de naissance ou de descendance allemande. Parmi mes plus fidèles amis, beaucoup, malgré leur origine germanique, sont des citoyens américains, et rien d'autre. Ainsi que je l'ai dit ailleurs, je pourrais former un cabinet où tous, depuis le président jusqu'au dernier membre, seraient, quoique de sang allemand, des Américains et rien que des Américains, un cabinet que moi-même ou n'importe qui ayant mes idées, pourrait suivre avec une absolue confiance dans les circonstances actuelles ou dans toute autre crise analogue.

L'élément allemand a largement collaboré à

notre vie nationale, et peut encore faire beaucoup en musique, en littérature, en art, en solide organisation sociale.

Au cours de la plus terrible de nos crises nationales, la Guerre Civile, les citoyens d'origine allemande récente se sont montrés, dans l'ensemble, plus attachés au grand idéal d'union et de liberté que maints citoyens de la vieille souche révolutionnaire. Je suis moi-même d'origine à moitié allemande. Je crois que ce pays-ci a plus à apprendre de l'Allemagne que de n'importe quelle autre nation. Mais, avant tout, nous devons être tous unis, sans nous occuper de nos diverses origines, nous considérant tous comme Américains et rien d'autre.

Quant à ces Germano-Américains qui m'attaquent dans ce conflit parce qu'ils ne sont, au fond, que des Allemands importés chez nous, hostiles à notre pays et aux devoirs envers l'humanité, leur attitude à mon égard ne m'afflige nullement ; mais je ne saurais trop désapprouver celle qu'ils adoptent vis-à-vis de notre pays. Je lutte pour l'américanisme le plus noble, le plus vrai ; je ne demande pas comme une faveur, mais je réclame comme un droit l'aide de tout bon citoyen américain, qu'il soit né n'importe où, et quelles que soient ses croyances et son origine. Les concours et l'approbation que je ne demande pas pour moi-même, je les exige pour les doctrines de grand américanisme que je défends.|

Lorsqu'il y a environ quatorze mois, j'ai publié, sous le titre de l'*Amérique et la Guerre*, un petit livre contenant ce que j'avais écrit et ce que j'avais dit publiquement pendant les premiers mois de la guerre, j'affirmais déjà en substance la même thèse que je défends aujourd'hui. Mais combien la légitimité de cette thèse a de quoi nous apparaître aujourd'hui plus manifeste qu'alors !

A cette époque, l'Allemagne avait péché contre la civilisation par sa conduite envers la Belgique et par sa manière de faire la guerre, si bien que j'estimais de notre devoir de faire le nécessaire pour montrer que notre nation était du côté du droit contre l'injustice, même lorsque cette dernière triomphait. Mais ce même devoir est beaucoup plus fort aujourd'hui. Depuis bien des mois, l'Allemagne a engagé contre nous une double guerre, menée

sur mer par des agents autorisés et menée dans
notre pays, contre nos usines de munitions, par
des hommes qu'on a pu prouver être agents di-
rects ou indirects de l'Allemagne. Et tout ce
que je dis de l'Allemagne se rapporte aussi à
l'Autriche, qui est devenue l'instrument docile
de l'ambition et de la violence allemandes.

Je ne prêche l'antipathie contre aucune nation. Je n'éprouve pas seulement du respect,
mais aussi de l'admiration pour le peuple allemand. Je trouve que son activité pratique, son
patriotisme, et son endurance sont pour nous
une leçon significative. Je crois que ce peuple
s'est laissé entraîner malgré lui par son gouvernement à des procédés qui, s'il y persiste,
feront de l'Allemagne l'ennemie permanente de
toutes les nations libres, de l'humanité, et de
la civilisation elle-même. Mais je pense que, tôt
ou tard, ce peuple retrouvera sa raison et for-
cera son gouvernement à marcher plus droit.
Je continuerai à entretenir des sentiments ami-
caux pour les Allemands comme individus, et
aussi pour l'Allemagne collectivement, dès que
la collectivité aura repris conscience de ses devoirs. Aucune nation n'est constamment à

l'abri de l'erreur. Notre pays lui-même, depuis qu'il est devenu une nation, s'est conduit, dans certains cas, de façon à encourir le blâme de l'humanité. A propos de l'esclavage, en particulier, ses errements ont persisté pendant bien des années. Pendant la même période l'Angleterre, la France et la Russie, ont aussi, chacune à un moment donné, mérité notre réprobation ; à certaines époques de notre histoire, pendant les guerres de Napoléon, par exemple, et au cours de notre guerre civile, l'attitude des classes dirigeantes, en Angleterre aussi bien qu'en France, s'est montrée hostile à notre pays. En 1898, l'Allemagne et toute l'Europe continentale se sont prononcées contre nous, tandis que l'Angleterre seule nous soutenait. Pendant la Révolution américaine, la France fut notre unique amie, et, pendant la guerre civile, la Russie, seule entre toutes les nations européennes, fit preuve de sympathie à notre égard.

Lorsque, en tant que nation, nous nous sommes faits les champions de l'esclavage, nous méritions d'être condamnés. Mais finalement nous nous sommes rachetés, et avons prouvé par nos actes ce que nous valions réellement; de même lorsque nous avons combattu pour la liberté à Cuba, aux Philippines, à Panama, nous méritions des éloges. En 1878, nous avions raison de soutenir la Russie et la Bulgarie contre la Turquie et l'Angleterre. Pour les mêmes motifs exactement, nous devons, à l'heure actuelle nous ranger aux côtés de la Russie, de l'Angleterre, et de la Serbie contre la Turquie et la Bulgarie. Il y a un siècle, les sympathies de l'humanité devaient aller à l'Allemagne de Koerner et d'Andreas Hofer contre la France conquérante; aujourd'hui, au contraire, nous devons soutenir les patriotes belges et français contre l'Allemagne des Hohenzollern. Etre contre l'Angleterre aujourd'hui, simplement parce qu'en 1776 nous la combattions, serait aussi fou et aussi ridicule que de tenir encore rigueur à l'Allemagne des bandes de mercenaires germaniques qui, durant la même guerre, furent amenées chez nous pour nous anéantir. Je n'ai certes jamais hésité, et en ce moment moins que jamais, à condamner mes compatriotes lorsqu'ils agissent mal. Je ferais de même si l'Angleterre, la France ou la Russie devaient, dans l'avenir, se conduire de la manière dont se conduit à présent l'Allemagne.

Abraham Lincoln, avec ses vues larges et son bon sens familier et subtil, a exposé une doctrine aussi vraie pour les hommes que pour les nations, lorsqu'il a dit : « Soyez avec celui qui est juste ! Demeurez avec lui tant qu'il est du côté de la vérité, et séparez-vous de lui quand il fait mal ! Être infidèle à ce principe sous prétexte de sympathies ou d'affinités, c'est se montrer indigne d'être un homme, d'être un Américain. » Durant les événements actuels, c'est l'Allemagne qui a offensé la civilisation et l'humanité, quelquefois, et dans des cas très graves, à nos propres dépens. Ce sont les Alliés, au contraire, qui combattent pour les principes énoncés par Abraham Lincoln dans son discours de Gettysburg. Or, pendant qu'ils se faisaient tuer pour le droit et la liberté, nous nous sommes tenus à l'écart, en tant que nation, et, bien loin de soutenir ceux qui avaient raison, contre ceux qui avaient tort, nous n'avons même pas osé élever la voix.

A ceux qui, il y a cinquante ans, réclamaient

à grands cris une paix de lâches, sans penser à
la justice et au bon droit, le même Lincoln ré-
pondait d'une façon qui s'adapte également aux
événements actuels. Il a dit : « Notre ligne de
conduite est simple et inflexible. Elle ne peut
être soutenue que par la guerre, et terminée que
par la victoire. Nous avons accepté la guerre
plutôt que de laisser périr la nation. Sans haine
pour personne, avec de la charité pour tous ;
fermement rangés du côté du bon droit, effor-
çons-nous de mener à bonne fin l'œuvre com-
mencée, et faisons le nécessaire pour obtenir
une paix juste et durable parmi les nations ! »

Certes, en changeant seulement quelques
mots, tout ce qu'a dit Lincoln peut se rapporter à la guerre que les Alliés affrontent au nom
de la liberté paisible et du libre gouvernement
autonome des peuples. Ils l'ont acceptée, cette
guerre, plutôt que de laisser périr les nations
libres de l'Europe. Ils s'efforcent de mener à
bonne fin le travail qu'ils ont commencé et
d'arriver à une paix juste et durable qui redres-
sera les erreurs et assurera la liberté des nations
assaillies.

Nous, Américains, devons rendre aux grandes

vérités énoncées par Lincoln un hommage venu du cœur et non des lèvres seules. Or, dans cette crise, je soutiens que nous avons manqué à notre devoir vis-à-vis de la Belgique et de l'Arménie, comme aussi à notre devoir vis-à-vis de nous-mêmes. Tandis que les Alliés agissent selon les principes d'Abraham Lincoln, les maîtres dirigeants de l'Allemagne ont mené sur l'Océan une campagne qui a abouti à l'assassinat en masse, d'hommes, de femmes, et d'enfants américains, en même temps que sur notre territoire ils menaient, avec des torches et des bombes, une autre campagne, dirigée contre notre industrie.

Il est étrange de constater que, parmi mes compatriotes, on rencontre des pacifistes professionnels assez fous pour applaudir à une « paix » obtenue en laissant triompher ces pratiques criminelles. Et non moins significative est l'attitude des dirigeants allemands qui, au moment même où ils forcent le peuple belge à fabriquer des munitions destinées à ses bourreaux, protestent contre les États-Unis qui produisent des engins analogues afin d'approvisionner les libérateurs de la Belgique opprimée.

Il est toujours malaisé d'obtenir qu'une démocratie se prémunisse à l'avance contre des dangers dont la réalité n'est aperçue que d'un petit
nombre d'esprits clairvoyants. En France même
il y avait, hier encore, une foule d'hommes qui,
avec les meilleures intentions du monde, ne
découvraient pas la menace suspendue au-dessus de leur patrie, et s'opposaient, eux aussi, à
la « préparation » d'une guerre prochaine. Mais
aujourd'hui ces hommes essayent de toutes leurs
forces de réparer leur ancienne erreur, — qui
déjà, au reste, leur a coûté un douloureux tribut de larmes et de sang. Devant la leçon cruelle
de l'invasion, la France a déployé un héroïsme
et une élévation d'âme que Jeanne d'Arc elle-
même n'avait point dépassés. Depuis le premier
mois de la guerre, ce pays a fait tout ce qui se
trouvait être humainement possible. L'union pro-
fonde des cœurs français, leur résolution calme
et forte, l'esprit de sacrifice témoigné par la
masse entière du peuple, — soldats et civils,
hommes et femmes, — tout cela est d'un niveau
moral supérieur. L'âme de la France, à cette
heure, nous apparaît purifiée de la moindre
scorie ; elle brûle pareille à une claire flamme

sur un trépied sacré. Et comme les Français se trouvent être une race généreuse non moins que vaillante, il faut voir avec quelle noble gratitude ils reconnaissent l'effort tenté, à leurs côtés, par les deux autres grands peuples qui partagent avec eux le fardeau de la lutte, en y apportant le même élan de cœur.

Les souffrances de la Russie ont été cruelles, mais on ne saurait assez admirer sa ténacité prodigieuse et sa résistance. Elle est puissante, et elle contient des possibilités si vastes qu'il est presque impossible de les apprécier. Mais surtout le peuple russe comprend que cette guerre est sa guerre. La partie qui se joue dans le monde est formidable, mais le rôle qu'y joue la Russie est destiné à grandir encore, comme aussi notre tribut d'admiration et de gratitude envers elle.

La marine anglaise fut mobilisée avec une rapidité et une efficacité aussi grandes que celles qui ont signalé la mobilisation de l'armée allemande. Elle a chassé de tous les océans les navires de guerre et les bateaux marchands allemands, à part quelques sous-marins ; et elle a conservé la maîtrise des mers non seulement pour l'Angleterre elle-même, mais encore pour la France et pour la Russie. Il n'y a jamais eu, dans toute l'histoire, un exploit naval aussi gigantesque que l'exploit accompli par les marins anglais au cours des dix-huit derniers mois. Tout d'abord on ne croyait pas que l'Angleterre agirait avec tant d'énergie sur le continent, et bien que ses fils les plus sages désirassent ardemment qu'elle fût prête à faire tout ce qui était en son pouvoir, ce désir ne représentait, après tout, qu'une conscience très haute du devoir de l'Angleterre envers elle-même. Or voici que, vis-à-vis de ses Alliés aussi, elle a plus que tenu ses promesses. Elle a donné à la Russie une assistance financière qu'elle seule pouvait lui donner ; son effort monétaire n'a pas son pareil dans toute l'histoire. Il y a dix-huit mois, aucun Français n'aurait supposé que, si la guerre était déclarée, l'Angleterre débarquerait plus de 200.000 hommes en France. Or, elle en a déjà débarqué un million, et elle entraîne et arme encore plus du double de ce chiffre. Ses soldats ont fait héroïquement leur devoir ; ils ont gagné l'estime universelle dans les champs de l'horreur et de la gloire, ils ont montré le même mordant, la même valeur obstinée que les armées françaises et russes. Les femmes anglaises travaillent avec autant de courage et d'esprit de sacrifice que les femmes françaises. Les hommes de toutes classes sont accourus s'enrôler dans l'armée. Au delà des mers, les États libres du Canada, de l'Australie, de la Nouvelle-Zélande, du sud de l'Afrique et de l'Inde, ont fait preuve d'une fidélité admirable; ils ont envoyé leurs fils, des confins de la terre, combattre pour la liberté et la civilisation. Le Canada — dont je puis parler en connaissance de cause, — s'est élevé avec un héroïsme souriant au niveau des plus hautes exigences de l'heure. De grands jours sont venus pour lui, et il saura rester à leur hauteur.

Mais, cela dit, laissez-moi faire remarquer (uniquement pour l'instruction de mon propre peuple) que, la marine mise à part, l'action anglaise a été beaucoup moins efficace qu'elle aurait pu l'être si elle avait donné toute sa force pendant ces dix-huit mois de guerre. Et ceci parce qu'elle n'était pas préparée d'avance, parce qu'elle n'avait pas accepté les sages avis de lord Roberts ! Si tous ses fils avaient été entraînés suivant le système du service obligatoire, et s'il avait été clairement entendu qu'en temps de guerre les profits faits indûment par des capitalistes ne seraient pas plus tolérés que les grèves d'ouvriers, — car « service obligatoire » veut dire que chaque homme doit servir la collectivité, et non pas soi-même, — la Belgique n'aurait pas été envahie, et on aurait évité une guerre désastreuse et interminable. Le service obligatoire, en temps de paix, peut parfois empêcher la guerre, et, si elle éclate, prévenir le gaspillage inévitable, les effroyables effusions de sang et l'échec final. Que les États-Unis retiennent cette leçon ! Inaugurons un système d'entraînement obligatoire, et inculquons à nos fils un patriotisme intense, s'adressant uniquement aux États-Unis ! Que notre américanisme soit le vrai, le grand américanisme, et n'en tolérons pas d'autre ! Préparons-nous durant la paix à la justice dans les relations internationales, et à l'action prompte si la guerre éclate ! C'est seulement à ce prix que nous obtiendrons une paix qui vaille d'être possédée.

Que notre nation craigne Dieu, et ne craigne pas de faire son devoir! Qu'elle dédaigne de mal agir envers le puissant comme envers le faible! Qu'elle exerce sa patience et sa charité envers tous les peuples, et cependant, à n'importe quel prix, qu'elle combatte sans crainte pour le bon droit, lorsqu'il sera menacé! De plus, souvenons-nous que le seul moyen de combattre victorieusement le mal est de lui opposer le droit! Une guerre injuste ou futile est odieuse. Mais il y a des choses pires encore. Il est fou de faire des ligues pour la paix du monde, si nous ne savons pas, d'abord, placer notre honneur et notre devoir au-dessus de notre salut, envisager d'une âme égale la bonne et la mauvaise fortune, et préférer tout endurer plutôt que de faillir à nos obligations.

La seule espèce de paix qui vaille la peine d'être obtenue est basée sur le bon droit et la justice. Pour être utile aux autres, une nation doit être forte et vaillante, et, pour qu'une politique internationale ait quelque valeur, il faut que ceux qui la préconisent soient assez convaincus de son excellence pour être prêts à la soutenir par les armes. La doctrine de Monroe

vaut ce que vaut notre marine américaine, mais
pas davantage. Une nation est méprisable si elle
refuse de combattre pour sa propre défense.
Une nation n'est tout à fait admirable que si
elle consent à lutter désespérément pour un
grand idéal, sans le moindre souci d'intérêt
matériel.

Et préparons-nous aussi non seulement au
point de vue militaire, mais encore au point de
vue social et industriel ! Pour que nous soient
possibles de solides relations d'amitié avec les
autres nations, il est nécessaire que l'union et
la concorde règnent, d'abord, dans nos propres
rangs. Exigeons donc l'américanisation pro-
fonde des nouveaux arrivants dans notre pays,
et exigeons également notre propre américanisation ! Que chacun se dévoue à l'intérêt commun pendant la paix comme pendant la guerre,
et, par une forte préparation d'âme et d'esprit,
se tienne prêt à répondre aux agressions possibles venues du dehors !

Nous sommes les citoyens d'une puissante
République qui a pour tâche de servir Dieu en
se vouant au service des hommes d'ici-bas. Nous
sommes les héritiers du grand héritage légué

par des hommes d'État qui eurent des yeux de
voyants et de prophètes. Nous ne devons pas
manquer à leur mémoire et à celle du passé de
notre nation. Nous ne devons pas nous montrer
indignes des ancêtres dont nous descendons,
de ces hommes austères qui osèrent beaucoup
et qui risquèrent tout pour que la liberté pût
porter bien haut sa torche, à l'abri de tout vent
qui risquerait de l'éteindre. Ils firent bon marché de leur bien-être en ce monde, lorsqu'ils
durent le mettre en balance avec leur devoir et
leur fidélité à un noble idéal. Soyons dignes
d'être leurs fils !

CHAPITRE II

LA PUISSANCE MILITAIRE,
CONDITION INDISPENSABLE DU MAINTIEN
DES VALEURS SOCIALES

En décembre dernier, on me demanda de répondre à l'enquête entreprise par le Congrès Sociologique américain « touchant les effets de la guerre et du militarisme sur les valeurs sociales ». Dans ma réponse, je fis remarquer que, si une nation sans scrupules, guerrière et militariste, n'est pas tenue en échec par la force militaire d'une autre nation, cette dernière se trouvera dispensée de toute réflexion concernant l'emploi de ses « valeurs sociales et morales », attendu qu'il ne lui sera plus possible d'en faire absolument aucun emploi. Jusqu'à ce que cette opinion soit tout à fait acceptée, et jusqu'au moment où la préparation nationale sera jugée indispensable par les nations amies de la justice, il est complètement inutile de débattre solennellement des questions comme celle que me posait le Congrès Sociologique. Il me paraît positivement comique de continuer à ne pas voir, avec l'exemple de la Belgique sous nos yeux, que le vrai problème, pour les nations pacifiques, n'est pas de se demander l'influence pouvant être exercée sur ces « valeurs sociales et morales » par l'esprit militaire, mais bien de se demander ce que deviendront ces « valeurs » dans une nation qui n'est pas en état de résister à l'esprit militaire d'un voisin sans scrupules. La Belgique, en effet, avait un sens très poussé du « prix de la vie humaine », « du besoin de songer au bien-être des enfants » et « de la conservation des ressources humaines » : il y avait beaucoup de « sollicitude », de la part des Belges des hautes classes de la société, pour le reste de la masse, une grande préoccupation de l'éducation populaire, un « grand respect pour la personnalité et pour le droit des gens ». Mais toutes ces « valeurs sociales » n'ont existé en Belgique que jusqu'à la fin de juillet 1914 : aujourd'hui il n'en demeure plus aucun vestige. Les discuter maintenant, étant donnée la situation actuelle de la

Belgique, est un pur bavardage, pour la seule raison que, le 4 août 1914, cette nation n'avait pas préparé ses forces militaires de façon à pouvoir placer à ses frontières au moins un demi-million d'hommes complètement armés et entraînés. De même, la question de la réforme intérieure de la Chine est subordonnée, en ce moment, au fait de savoir si une Chine quelconque survivra pour pouvoir être réformée. En ce moment les Arméniens qui, pendant des siècles, ont assidûment évité le militarisme et la guerre, subissent un sort plus terrible, si cela se peut, que celui des Belges ; et ils le subissent précisément parce qu'ils se sont montrés pacifiques alors que leurs voisins, les Turcs, ont été uniquement militaristes. Ils n'ont plus chez eux aucun vestige de « valeurs sociales » pouvant être affectées par le militarisme ou par quoi que ce soit d'autre.

Il y a des gens pleins de bonne volonté, mais complètement incapables de s'assimiler les leçons de l'histoire, et même de comprendre ce qui s'est passé sous leurs propres yeux depuis un an ou deux ; ces gens-là aspirent à transformer notre pays en une Chine occidentale, une

Chine du genre de celle que chaque Chinois intelligent désire présentement abolir. Et il y a maints politiciens, beaucoup moins bien intentionnés, qui trouvent leur profit à exploiter ce désir, commun à la plupart des hommes, de vivre doucement et facilement, en évitant le risque et l'effort. Les timides et les paresseux, les hommes possédés par l'amour de l'argent ou endormis dans le bien-être et le luxe, et, en général, tous les gens mous ou indolents, saluent naturellement avec joie ceux qui leur fournissent des raisons retentissantes pouvant cacher leur répugnance à courir des risques, à se fatiguer ou à souffrir. Enfin, les philanthropes sentimentaux, pour qui penser est une forme détestable d'exercice mental, sont les champions enthousiastes de cette disposition d'esprit. Ces hommes et ces femmes sont enchantés d'approuver publiquement toute doctrine revêtue d'un nom sonore, pourvu que jamais il ne leur soit demandé de payer, si peu que ce soit, de leurs propres personnes afin de défendre ces belles doctrines. Je me demande même si, tout compte fait, ils ne forment pas un type national pire, encore plus indésirable, que celui des criminels de droit commun, car beaucoup de ces derniers ont, au moins, en eux un élément de force qui, s'il était bien dirigé, pourrait être utilisé à bonnes fins.

Or, il faut sans doute perdre tout espoir de prouver à la majorité de ces gens-là que leurs théories ne sont pas seulement méprisables, à cause de la paresse qu'elles supposent, mais aussi funestes et déplorables au point de vue même de leurs propres intérêts, ainsi que le démontre le sort actuel de l'Arménie et de la Chine. Mais je crois que, si l'on rend la vérité évidente à la masse de notre peuple, elle consentira à faire son devoir, même si ce devoir est désagréable et dur. Et, de plus, je suis persuadé que cette masse nationale est parfaitement capable de sacrifier ses intérêts immédiats à l'intérêt permanent de la nation entière.

Pour arriver à convaincre ces innombrables Américains, la première chose à faire est de leur expliquer que la guerre et le militarisme sont des termes dont la valeur dépend uniquement du sens dans lequel on les prend. Et, secondement, il faut leur mettre en lumière qu'il y a une réelle analogie entre l'emploi de la force dans les affaires internationales et dans les affaires purement individuelles.

En premier lieu, il s'agit de définir les mots. Or, une guerre peut être définie : un recours à la violence entre des nations, analogue à l'emploi de la violence entre des individus d'une même nation. Lorsque ce fait sera clairement compris, le citoyen ordinaire ne fera plus les confusions dont il souffre actuellement pour la seule raison qu'il croit la guerre mauvaise en *elle-même*. La guerre, comme la paix, n'est en soi-même qu'un moyen pour une fin. Qu'une guerre soit juste ou non, cela dépend uniquement de la fin pour laquelle elle est engagée et de l'esprit qu'on y apporte. Ici, l'analogie avec ce qui a lieu dans la vie individuelle est complète. L'acte de force ou de violence par lequel un homme en attaque un autre peut recevoir comme exemple le cas d'un malfaiteur qui vole un enfant en assommant le tuteur préposé à la garde de celui-ci ; mais on peut aussi prendre comme exemple le cas du même tuteur qui, par un recours à la violence, empêche le susdit criminel de voler l'enfant. Il y a, naturellement, des personnes qui croient que toute espèce de force est immorale, qu'il est toujours immoral de résister au mal par la force. Je ne me suis jamais beaucoup intéressé aux individus qui professent cette sorte de moralité insensée, et je ne vois pas exactement jusqu'où peuvent aller en pratique les déductions qu'ils en tirent. Mais à moins qu'un homme prenne expressément cette attitude, il ne peut honnêtement condamner l'emploi de la force et de la violence pendant la guerre. Car l'agent de police qui risque sa vie et souvent la perd en luttant contre un criminel agit exactement selon les mêmes principes qui nous forcent à établir une différence entre telle guerre et telle autre.

Les choses essentielles dont les hommes doivent se souvenir à propos de la guerre sont donc, d'abord, que ni la paix ni la guerre ne sont immorales en elles-mêmes ; et, en second lieu, que, pour défendre les « valeurs sociales » dans notre pays, la condition essentielle est d'empêcher la prédominance chez nous d'une certaine forme de militarisme indiscutablement fatale, — je veux dire la domination militaire d'un ennemi venu du dehors.

Il est totalement impossible d'apprécier les

valeurs sociales ou de choisir entre ce qui est socialement bon et socialement mauvais, si l'on n'a pas d'abord distingué la diversité des « valeurs sociales » des diverses guerres. Les Grecs, en triomphant à Marathon et à Salamine, accomplirent une œuvre sans laquelle le monde aurait été privé de la « valeur sociale » de Platon, d'Aristote, d'Eschyle, d'Hérodote et de Thucydide. La civilisation de l'Europe, de l'Amérique et de l'Australie existe uniquement aujourd'hui à cause des victoires de l'homme civilisé sur les ennemis de la civilisation, à cause de victoires se prolongeant à travers les siècles, depuis les jours de Thémistocle jusqu'à ceux de Charles Martel au viiie siècle et jusqu'à ceux de Jean Sobieski au xviie. Durant un millier d'années, les Chrétiens d'Asie et d'Afrique se sont montrés incapables de faire une guerre victorieuse contre les musulmans conquérants ; et, en conséquence, le Christianisme a disparu en fait de ces deux parties du monde. Les « valeurs sociales » existent aujourd'hui en Europe, en Amérique, en Australie, uniquement parce que, durant ce millier d'années, les Chrétiens d'Europe ont eu le pouvoir militaire de faire

ce que les chrétiens d'Asie et d'Afrique n'avaient
pu faire, c'est-à-dire de battre et de repousser
l'envahisseur musulman.

Si la Société Sociologique va se réunir à
Washington, cette année, c'est uniquement
parce que l'homme qui a donné son nom à
cette ville s'est trouvé disposé à faire la guerre.
Si lui et ses compagnons n'avaient pas fait la
guerre, il n'y aurait aucune possibilité de discuter aujourd'hui les « valeurs sociales » aux
États-Unis, pour l'excellente raison qu'il n'y
aurait pas eu d'États-Unis. Si Lincoln n'avait
pas été disposé à faire la guerre, s'il n'avait pas
eu recours aux armes et introduit le militarisme
aux États Unis, nos sociologues n'auraient pas
à étudier les « valeurs sociales » dont ils s'occupent, mais bien des « valeurs sociales » de
l'espèce de celles que peuvent étudier chez
eux, de nos jours, les Polonais de la Posnanie,
ou encore les Belges et les Alsaciens-Lorrains.

Certes, ces grands Américains haïssaient une
guerre futile ou injuste, et condamnaient ceux
qui en portaient la responsabilité : mais d'un
autre côté ils savaient voir qu'une guerre juste,
faite pour un idéal élevé, est souvent la seule

manière de rehausser la vie nationale d'un peuple. En vérité, une guerre déclarée au nom du droit, même si elle est victorieuse, implique des dangers réels pour une nation : mais sans aucun doute il y a aussi des dangers à redouter pendant la paix. Il n'existe, d'ailleurs, pas de conduite qui n'ait ses dangers. Mais il ne s'agit pas seulement ici de danger, mais de mort ; il s'agit d'empêcher la mort de l'âme d'un peuple en même temps que celle de son corps ; et l'unique moyen de l'empêcher est de nous tenir prêts à défendre hardiment notre liberté et nos idéals.

On ne gagne rien à débattre des sujets qui ne souffrent pas la discussion. Aucun homme intelligent ne désire la guerre. Mais il ne peut pas davantage, s'il réfléchit, manquer de s'apercevoir que nous vivons dans un pays libre uniquement parce que nos ancêtres ont consenti à faire la guerre, plutôt que d'accepter une paix synonyme de destruction. Aucune nation ne peut garder en permanence des « valeurs sociales » dignes d'être gardées, si elle ne développe pas en soi une force militaire suffisante pour sa propre défense.

CHAPITRE III

OU IL Y A UNE ÉPÉE POUR L'ATTAQUE, IL DOIT AUSSI Y AVOIR UNE ÉPÉE POUR LA DÉFENSE

Les pacifistes professionnels qui ont travaillé si activement à déshonorer le nom américain (et qui, par la même occasion, se sont montrés les tristes alliés et les instruments du mal triomphant) feraient bien d'admettre ce fait élémentaire, que le seul moyen nous permettant de vivre en paix avec les autres nations est de développer notre force de façon à pouvoir défendre nos propres droits. Par-dessous tout, ils devraient constater qu'une démocratie, plus que tout autre gouvernement humain, a besoin de se préparer d'avance à la guerre, si elle veut la paix. Quand il s'agit pour une nation de se défendre, l'entraînement militaire universel, et, en cas de besoin, le service militaire universel, représentent la plus haute manifestation de l'idéal démocratique dans un gouvernement.

Notre président Jefferson avait déclaré jadis. que « la paix était sa passion », et son refus d'autoriser le pays à se préparer en vue de la guerre nous a valu des fruits bien amers pendant la guerre de 1812. Mais du moins il a su tirer profit de la leçon qui lui était ainsi donnée. En 1813, il écrivait à Monroe : « Nous devons entraîner et enrôler la totalité de nos citoyens mâles, et faire entrer d'une façon régulière l'instruction militaire dans l'éducation des collèges. Nous ne serons jamais en sûreté tant que cette réforme ne sera pas accomplie. »

En 1814, il alla plus loin encore. « Je pense, dit-il, qu'il est maintenant évident que nous ne pouvons nous défendre qu'en faisant de chaque citoyen un soldat. »

Le président Monroe, dans son discours au Congrès du 3 décembre 1822 (il y a juste quatre-vingt-treize ans) s'est servi d'expressions qui, sans en changer un seul mot, pourraient s'appliquer aux besoins, beaucoup plus urgents, d'aujourd'hui. Il disait :

« L'histoire des dernières guerres en Europe démontre qu'aucun système de conduite, si correct soit-il en principe, ne peut protéger les puissances neutres contre les injustices des belligérants; que la vue d'une nation sans défense et trop éprise de paix est une invitation très instante à la guerre, et qu'il n'y a aucun moyen d'éviter cette guere si ce n'est d'être toujours prêts à l'affronter. Mais s'il est, sur la terre, un peuple qui doive être de tout temps spécialement préparé à défendre les droits dont il jouit, ce peuple est, sans aucun doute, celui des États-Unis. »

A l'heure présente, la question la plus importante pour notre nation est celle de la préparation. Et, tout d'abord, nous devons nous préparer contre la guerre. Naturellement cette préparation contre la guerre doit s'accompagner d'une préparation appropriée de nos forces sociales et industrielles en temps de paix. L'Allemagne, qui est, pour les autres nations, le modèle type en ce qui concerne les choses pratiques, nous l'a montré. De plus, il ne peut y avoir aucune préparation matérielle, en temps de paix ou de guerre, qui ne s'appuie sur une préparation morale et spirituelle. Il faut d'abord préparer l'âme et l'esprit afin de préparer le corps, car la culture corporelle ne forme ni l'esprit, ni l'âme. J'ajouterai que ces différentes sortes de préparation agissent réciproquement l'une sur l'autre, dans la vie des peuples aussi bien que dans celle des individus.

Mais il y a certains faits élémentaires qui doivent être compris par notre nation avant que nous puissions adopter aucune ligne de conduite politique. Le plus important de ces faits est qu'il est inutile de parler de réforme et de justice sociale, d'égalité et de prospérité dans les affaires industrielles, au dedans d'une nation, à moins que celle-ci puisse se protéger contre une attaque du dehors. Il est oiseux de s'inquiéter d'aucun problème social ou industriel, aux États-Unis, à moins que les États-Unis ne consentent à s'entraîner, à se préparer, de façon à être sûrs que leur propre peuple et non une nation d'envahisseurs et d'oppresseurs étrangers aura le dernier mot dans la solution de ces problèmes. Les États-Unis n'ont pas un ami au monde, à cause de leur faiblesse et de leur « neutralité », comparable à celle du Lévite qui s'éloigna prudemment lorsqu'il vit sur le sol un homme blessé par des voleurs, près de Jéricho (et encore, le Lévite, lui, ne s'était-il pas vanté de sa neutralité).

En outre, les États-Unis devraient se décider à adopter une ligne de politique bien définie. Des gens inintelligents disent que la doctrine de Monroe est passée de mode, sans prendre la peine de comprendre ce qu'elle est. En réalité, abandonner cette doctrine serait amener un désastre écrasant. Dans son essence, la doctrine de Monroe revient à dire que nous ne permettrons pas à des puissances militaires étrangères de prendre pied chez nos voisins d'Amérique, pour, selon toute probabilité, diriger de là une attaque contre nous. Nous devons donc nous déterminer à garder et à défendre le Canal de Panama et ses abords, à maintenir l'ordre et à sauvegarder la civilisation dans les territoires adjacents à la Mer des Antilles, et veiller à ce qu'aucun de ces territoires, petits ou grands, ne soit envahi par une nation de l'Ancien Continent qui se servirait de lui contre nous. Le devoir primordial, naturellement, est d'assurer des conditions de vie possibles au Mexique. Tolérer les conditions où se débat le Mexique depuis cinq ans, c'est offrir une prime à toute intervention européenne;

car lorsque nous manquons à notre devoir envers nous-mêmes, envers les Mexicains honnêtes et respectueux des lois, et envers tous les Européens étrangers établis au Mexique, nous ne pouvons espérer échapper d'une façon durable aux conséquences de notre faiblesse.

Les événements de l'année 1914 ont montré que toute tendance à empêcher une agression de nations militaristes sans scrupules par des traités d'arbitrage, conventions de la Haye, et autres choses analogues ne sont actuellement rien que déclamation creuse. Aucune personne vivant hors d'un asile de fous ne peut plus, aujourd'hui, prendre ces choses au sérieux. Les ligues pour le maintien de la paix pourront exister, dans l'avenir, d'une façon définitive, je l'espère ; mais cela ne sera pas possible tant que des nations comme la nôtre seront « trop fières pour combattre » et pas assez fières pour tenir leurs promesses. Jusque-là c'est une preuve de stupidité ou de perfidie, que de croire possible la réussite de telles ligues.

Nous devons d'abord préparer notre propre force. Ensuite, puisque nous avons accepté les obligations que comporte la convention de la

Haye, nous devons satisfaire aux devoirs qui incombent à tous les pays entrant dans une ligue pour la paix. La convention de la Haye se composait d'une série de traités que nous avions signés ainsi que la Belgique et l'Allemagne. D'après notre constitution, un traité semblable fait partie de la « suprême loi du Pays », et nous lie vis-à-vis de nous-mêmes et vis-à-vis des nations qui y ont adhéré avec nous. Aussi ne devions-nous pas signer à la légère ce traité, mais au contraire l'examiner longuement, et exiger, lorsqu'il a été établi, que les autres nations s'y conforment. Les Conventions de la Haye faisaient partie de la « Suprême loi de notre pays ». Par conséquent, l'Allemagne a violé la *Suprême loi de notre pays* lorsqu'elle a lésé brutalement la Belgique ; et nous avons permis cela sans un mot de protestation.

Dix-huit mois ont passé depuis le moment où, la guerre étant déclarée, il devint évident pour tout homme désireux de voir en face les faits que les problèmes militaires et navals étaient infiniment plus sérieux que nous ne le pensions, que les traités étaient absolument impuissants à protéger aucune nation à moins d'être soutenus par la force armée, et que la nécessité de se préparer à la guerre était beaucoup plus urgente que nul, en ce pays, ne l'avait jamais soupçonné. On a eu la preuve flagrante que l'opinion publique internationale, lorsqu'elle n'est pas secondée par la force, n'a aucune influence sur la conduite d'une puissante nation militaire. Celui qui croit encore au pouvoir de l'opinion publique et défend cette théorie, pro-page une erreur absolument dangereuse et anti-patriotique. Il est trop évident que l'opinion publique, durant les derniers dix-huit mois, n'a pu apporter aucun adoucissement aux atrocités ou prévenir les violences des puissances agres-sives, qui ne se sont arrêtées qu'au moment exact où elles ont senti qu'il y avait derrière l'opinion publique une force dont on userait si la provocation était trop grande. L'opinion pu-blique a été absolument vaine lorsqu'il s'est agi de la Belgique, de l'Arménie, et de la Pologne. Aucun homme ne peut assurer le contraire avec sincérité, s'il prend la peine d'examiner les faits.

Pendant dix-huit mois, en face du cataclysme mondial, nous, en tant que nation, sommes restés inertes sans nous préparer en aucune façon. C'est un fait qu'il n'y a pas eu un soldat, un canon, un bateau ajoutés à l'armée ou à la marine américaines jusqu'à présent, et que nous n'avons pas fait le moindre pas vers une préparation nécessaire. Une telle myopie nationale, une telle folie nationale sont presque inconcevables. Nous avons reçu des avertissements qui auraient dû nous amener à organiser un plan de défense. Nous avons absolument dédaigné ces avertissements, et, jusqu'à présent, les mesures prises officiellement sont à peine des mesures de demi-préparation.

Nous devons considérer notre politique militaire nationale comme un tout. Nous devons établir un plan stratégique bien réfléchi, basé sur nos intérêts nationaux durables, amélioré sans cesse par le travail effectué durant des années par des hommes expérimentés. La marine est notre première ligne de défense, mais il faut se souvenir qu'on ne peut s'en servir pour sa défense que comme d'une arme offensive. Se contenter de parer les coups ne réussit jamais au point de vue défensif. L'attaque est la vraie méthode de défense efficace. Depuis quelques années, nous nous sommes servis de la marine comme d'un palladium en soutenant qu'elle suffirait à nous protéger. La seule force ayant une réelle valeur est la force offensive, au cours de n'importe quelle guerre, même défensive. La liberté d'action de la flotte est le secret d'une réelle puissance maritime. Cette puissance ne pourra être atteinte que quand nous aurons à notre disposition une institution militaire effective nous permettant, lorsque nous serons menacés, de repousser n'importe quelle armée débarquant sur notre côte. Ceci est fondamental. C'est seulement en créant une armée suffisante que nous pourrons employer notre flotte dans ses fonctions légitimes. Les plans de la marine doivent toujours correspondre à ceux de l'armée ; et les uns et les autres aux plans du gouvernement qui ne doit jamais, dans aucune circonstance, ébaucher aucun projet de politique étrangère sans considérer ce que notre situation militaire est et peut devenir. Pour que notre marine soit libre, nous avons besoin d'amples défenses sur nos côtes, qui doivent être couvertes par une centaine de mille hommes ; et il nous faut, en outre, une armée mobile régulière de 150.000 hommes. Le programme proposé par le gouvernement est un programme de trompe-l'œil. Le Congrès n'a jamais consenti à adopter les plans proposés par le Ministère de la Guerre. Jusqu'en 1911, cependant, la différence entre ce dont nous avions besoin et ce qui existait, bien que réelle, n'apparaissait pas dans toute son énormité. Mais lorsque l'extraordinaire développement des marines étrangères exigea impérieusement que nous élargissions notre propre programme et que nous le développions beaucoup plus sérieusement que jamais, le Congrès arrêta entièrement l'achèvement de la marine! Pour l'instant, ce qui est urgent est de tendre fortement, tout de suite, toutes les forces du gouvernement, de façon à ce que, cette année, nous commencions à travailler à une demi-douzaine de formidables vaisseaux de guerre et à d'énormes cuirassés rapides et armés. Que nous les construisions dans des chantiers publics ou privés n'est pas d'une grande importance, si on tient compte de l'urgence que présente l'achèvement de ces vaisseaux, qui doivent être commencés non pas l'été prochain, mais dans trente ou soixante jours.

Notre nation doit se rappeler qu'une demi-préparation équivaut à un manque complet de préparation. Un grand nombre de personnes bien intentionnées sont dans le même état d'esprit qu'un philanthrope qui m'écrivait, l'autre jour, qu'il était partisan d'un peu de préparation, mais seulement d'un peu. C'est comme si l'on construisait un pont sur une rivière, mais seulement à mi-chemin. Je suis navré d'avoir à dire que cette attitude paraît être celle qu'a prise aujourd'hui notre gouvernement, en remplacement de son attitude d'il y a un an, quand il déclarait toute préparation inutile et immorale.

S'il est inutile de se préparer, ne le faisons pas du tout, mais, dans le cas contraire, préparons-nous complètement! Il y a quelques années, je remplissais des fonctions d'inspecteur dans un pays d'élevage. Naturellement, je m'étais préparé par avance à mon devoir. Je portais sur moi ce qui était alors le meilleur type de revolver, un 45 mm., *self cocker*. On m'avait conseillé de ne jamais m'en servir, à moins que cela ne fût absolument nécessaire; et j'obéissais à ce conseil. Mais si, dans l'intérêt de la « paix », on m'avait commandé de m'armer seulement d'un revolver de 22 mm., j'aurais promptement résigné mon poste.

Il y a deux nécessités immédiates auxquelles nous devons faire face : 1° c'est que notre marine devienne dans le plus bref délai possible la seconde du monde, comme développement et comme puissance. Nous n'avons pas besoin qu'elle soit la première, parce que la Grande-Bretagne n'est pas une puissance militaire, et parce que nos relations avec le Canada sont sur une telle base d'amitié permanente qu'un conflit n'est pas à prévoir. Mais l'Empire Britannique ne pourrait que rester « neutre », si nous étions engagés dans quelque guerre avec une grande puissance européenne ou asiatique. 2° Notre armée régulière doit être augmentée, jusqu'à contenir au moins un quart de million d'hommes, avec de grandes réserves pouvant être amenées, de suite, dans les rangs, au cas d'une soudaine attaque contre nous. Des précautions doivent être prises relativement au nombre des officiers ; au point de vue administratif, il faut combiner une efficacité aussi grande que possible avec une économie rigide qui commencerait par la suppression de beaucoup de postes militaires et maritimes inutiles.

Or, les propositions du gouvernement ne satisfont à aucune de ces deux nécessités. Je suis sincèrement heureux de constater un changement dans l'attitude qu'affirmait le message présidentiel de décembre 1914, attitude qui tendait à laisser la nation non préparée, et impuissante à défendre son honneur et son intérêt vital contre des adversaires venus du dehors. Mais je regrette non moins sincèrement que le gouvernement n'ait pas mieux compris la situation véritable, et ne se soit pas mis en état de présenter un plan de défense réel et substantiel, au lieu d'un programme chimérique. Depuis les trois dernières années, notre marine est tristement déchue de la situation qu'elle occupait parmi celle des autres nations. Le gouvernement actuel propose un plan qui serait exécuté principalement par le prochain gouvernement, et qui replacerait sous un délai de vingt ans, la marine dans l'état où elle se trouvait il y a de cela dix ans, de sorte que ce plan est tout bonnement, en réalité, une façon adroite d'éviter d'agir en ce moment. Or cela ne saurait être admis. Notre gouvernement peut et doit, dès cette année, faire les préparatifs nécessaires pour rendre à notre marine, dans le plus bref délai, son rang dans le monde. Le travail doit commencer de suite, sur une vaste échelle. Ceci est d'une importance primordiale.

Mais il est également essentiel d'amener l'armée à la hauteur des besoins nationaux. Le plan proposé, consistant à créer une garde nationale composée de volontaires ayant un demi-entraînement ou même un quart d'entraînement, — car c'est à quoi se bornerait ce qu'on nomme d'une façon absurde l'armée continentale, — serait, si on l'essayait, très coûteux, très nuisible à la garde nationale existant actuellement, et tout à fait inutile au point de vue des besoins réels du pays. Il serait infiniment plus sage de dépenser le même argent pour augmenter la puissance de la garde nationale actuelle, et pour la soumettre à un contrôle national. Mais cela même ne serait encore qu'une demi-mesure, et n'atteindrait pas jusqu'à la racine des choses. Le gouvernement n'a voulu demander l'adoption d'aucun des systèmes militaires ayant eu un succès remarquable en Suisse, en Australie, en Argentine, sans parler de l'Allemagne. Au lieu de cela, on nous a proposé un système que l'Angleterre a eu grand tort d'essayer, et qui, dans la crise actuelle, a bien montré son inefficacité. L' « armée continentale » qu'on nous propose n'a rien de commun avec celle de Washington, qui était une armée régulière, dont la force était assurée par un service d'une année. Ce n'est pas autre chose que l'armée « territoriale » anglaise, en laquelle l'Angleterre a mis une confiance qu'elle paie aujourd'hui durement, car le courage splendide et le sacrifice volontaire des Anglais qui combattent si héroïquement ne pourront détruire complètement les effets du manque de préparation.

L'extension de l'armée régulière, telle que l'a projetée notre gouvernement, est tout à fait incapable d'aboutir à un résultat réel. C'est une de ces demi-mesures qui n'ont aucune utilité pratique, n'étant conçues qu'à un point de vue purement politique. Ou bien notre nation doit se préparer à la guerre, ou bien elle ne le doit pas : mais, si elle le doit, il faut qu'elle se prépare sérieusement et efficacement. Certes, il serait insensé de proposer la suppression complète de notre Corps de Pompiers de New-York ; mais plus insensé encore serait, par exemple, d'entretenir des pompes à incendie qui ne pourraient pas lancer leur eau plus haut que le premier étage des maisons. Et c'est exactement à quoi correspond le nouveau projet militaire du gouvernement.

J'espère d'ailleurs fermement que la masse des citoyens des États-Unis, puisque leurs chefs officiels refusent de les guider, s'éveilleront d'eux-mêmes aux besoins de leur pays et conduiront ces soi-disant chefs. Agissons donc de suite pour devenir la deuxième puissance navale du monde ! Agissons cette année et non l'année prochaine ! Agissons maintenant ! La marine est notre première ligne de défense. Au point de vue national, il est criminel de la négliger.

En ce qui se rapporte à l'armée, prenons d'abord l'avis des personnes expérimentées. Puis, formons une armée régulière d'un quart de million d'hommes. Par rapport au pays, elle ne sera pas plus considérable que la police de New-York relativement à la ville de New-York. Sur le papier, nos forces actuelles sont de

100.000, hommes et nous avons aux États-Unis une armée mobile composée seulement de 30.000 hommes. Or, il nous en faut 10.000 de plus, rien que pour assurer la défense de nos côtes chez nous, et 5.000 pour couvrir celles de nos colonies. Nous avons besoin de 20.000 hommes encore pour posséder une armée mobile capable d'affronter un raid contre nos possessions d'au delà des mers. Chez nous, il nous faut une armée mobile de 150.000 hommes, de façon à nous éviter de voir New-York ou San-Francisco saisis à l'improviste par quelque puissante nation militaire qui viendrait nous faire la guerre. Un quart de million d'hommes dans l'armée régulière est le minimum capable d'assurer la défense de la nation en cas d'agression soudaine.

En plus, nous devons assurer une réserve à cette armée régulière, une réelle réserve d'hommes enrôlés. Nous devons posséder assez d'officiers, tant dans l'active que dans la réserve, pour être capables de commander à un million et demi d'hommes en cas de guerre. Et, en attendant, faisons tout notre possible pour rendre efficace notre garde nationale, comme

aussi pour organiser plusieurs camps d'entraînement tels que celui de Plattsburg. Renonçons
au régime anti-démocratique d'une armée de
volontaires, qui n'aboutirait qu'à créer une
troupe inutile, en rivalité désastreuse avec notre
garde nationale!

Nous devrions aussi commencer de suite à
développer et à contrôler efficacement nos
usines de munitions. Leur faire la guerre est la
faire aux États-Unis eux-mêmes; ceux qui
agissent ainsi et ceux qui les y encouragent
doivent être traités comme des criminels. Les
usines existantes devraient être aidées par tout
moyen légitime, et des mesures devraient être
prises pour les amener à continuer après la
guerre. Mais il est regrettable que ces usines
soient situées aussi près du bord de la mer.
Sans délai, on devrait procéder à l'établis-
sement d'autres usines de munitions dans l'intérieur du pays. L'Allemagne pourrait nous
servir de modèle pour développer et régu-
lariser le rendement des munitions. Étudions
attentivement ce qu'elle a fait, puis adaptons
à nos propres besoins les plans qui lui ont
réussi, en y ajoutant les mesures que notre

propre expérience nous indique comme utiles.

Mais souvenons-nous constamment qu'un puissant matériel est inutile, si nous ne préparons, d'abord, un personnel suffisant pour le manœuvrer. Ceci s'applique aussi bien aux cuirassés qu'aux sous-marins, à l'artillerie de campagne qu'aux aéroplanes. Nous avons besoin d'une flottille de sous-marins du meilleur modèle. Nous avons besoin de développer énormément notre corps d'aviation. Je me demande combien de nos concitoyens se sont aperçus qu'à l'heure actuelle la totalité des officiers et des hommes de l'aviation française surpasse en nombre toute l'armée active des États-Unis.

Tels sont les besoins qui peuvent et doivent être immédiatement satisfaits. Mais je crois de tout mon cœur que nous devons, en outre, adopter un système de service universel analogue à ceux de la Suisse ou de l'Australie, et approprié, naturellement, à nos propres besoins. Un tel service est le véritable système démocratique. Dans une république libre, les droits doivent être subordonnés aux devoirs. Aucun homme n'a le droit de voter lorsqu'il élude ses obligations vis-à-vis de l'état en temps de paix ou en temps de guerre. Le bon citoyen doit remplir entièrement ses devoirs de citoyen ; et il ne peut le faire que s'il est prêt à combattre pour le bien commun de tous, à l'heure où la nation est en face d'un péril mortel. Le suffrage militaire universel implique le service universel aussi bien pendant la paix que pendant la guerre. Le public vante le mérite des volontaires ; j'admire aussi les volontaires qui s'engagent pour se battre, mais non ceux qui envoient les autres se battre à leur place. Le service universel est la seule manière susceptible d'assurer une démocratie réelle, une véritable et juste égalité. Chaque jeune homme valide devrait être fier de protéger la nation contre une attaque, et tous devraient être requis pour ce faire, et pour s'y préparer.

La question de la dépense est tout à fait de second ordre, quand il s'agit de mesures dont dépendent la vie ou la mort de la nation. Cinq années de plus, et il sera sans doute trop tard pour dépenser quoi que ce soit. Nous ferons bien, pour le moment, d'adopter, avec une légère modification, une devise populaire parmi nos ancêtres d'il y a un siècle : « Des millions pour la défense, mais pas un centime de tribut pour l'oppresseur ou pour l'assaillant. »

On me dit que les femmes sont opposées à la guerre, et, par là même, qu'elles s'opposent aussi à la préparation à la guerre. J'en appelle, moi, amoureux de la paix, en mon propre nom et au nom de ma femme, dont les fils devront aller à la guerre, dont les filles, durant une guerre, devront travailler et souffrir autant que les fils, j'en appelle à chaque homme et femme sensés habitant ce pays. Nous redoutons la guerre ; mais, avec Washington et Lincoln, il y a des choses que nous redoutons plus encore que la guerre. C'est pourquoi nous désirons nous préparer contre la guerre. Je voudrais que tous lisent un article du numéro de novembre du *Woman's Home Companion* que ma femme me montra récemment. L'auteur n'a pas signé, elle dit être « une pauvre vieille femme de soixante-treize ans » qui vit « dans une petite ville de province dans le Kansas ». Elle parle de son mari, John, un habile mécanicien qui fit la guerre en 1861, et plus tard devint aveugle à la suite de ses blessures, de telle sorte que sa vie fut une lutte très dure. Elle dit qu'elle voudrait qu'on fît tout pour éloigner de nous la guerre, que par conséquent elle aimerait voir « des forts, des sous-marins, une flotte puissante et tous les jeunes gens forcés d'être soldats ». Elle termine en disant : « J'ai moi-même forcé mon fils à être soldat. Si un million d'autres mères, si chaque mère dans le pays faisait de même, nous serions en sûreté pour toujours ».

Le vœu de cette femme, qui est aussi le mien, n'a d'ailleurs rien de nouveau. Il n'est que l'application aux conditions actuelles des conseils donnés par le Président George Washington lorsque, dans son discours du 21 janvier 1790, il a soumis un plan de préparation militaire universelle. Ce plan demandait un entraînement militaire pour tous les jeunes hommes du pays, ajoutant que : « chaque homme ayant l'âge nécessaire et la force physique suffisante est obligé, par le contrat social, de remplir personnellement sa part d'obligation militaire pour la défense de l'état ». Tout ceci équivalait à un service universel obligatoire. Et, de plus, le plan préconisé par Washington stipulait qu'aucun homme en âge d'être soldat ne pourrait voter à moins de fournir un certificat prouvant qu'il s'était acquitté de son service militaire. Washington n'estimait pas que les pacifistes professionnels eussent droit au vote.

Je plaide pour le service universel, parce que ce serait une manière excellente de nous amener rapidement à une véritable conscience sociale, parce qu'il nous aiderait énormément au point de vue industriel, et parce qu'il nous mettrait à même de pouvoir nous défendre, si cela devenait nécessaire. Ceci est une partie, et une partie vitale, de la doctrine du grand américanisme. Le travail indispensable avant tout autre pour notre nation, à cette heure, est de réédifier notre propre caractère national. Découvrons nos propres âmes, regardons en face la situation actuelle du monde, la façon dont elle réagit sur nous et sur les autres pays. Nous devons avoir une politique intérieure bien définie, et une politique étrangère très nette. Lorsque nous concluons des traités, parlons franchement ; soyons prudents quand nous faisons des promesses, et tenons fidèlement celles que nous avons faites ! Tâchons d'être clairvoyants, après mûre réflexion adoptons une politique déterminée, au dedans comme en dehors de nos frontières, et préparons-nous à la suivre! Cessons d'essayer de nous duper au moyen d'une vantardise à bon marché, ou d'une sentimentalité encore plus vaine!

Montrons, d'une façon pratique, que nous craignons Dieu et ne craignons pas de faire notre devoir! C'est seulement à ce prix que nous pourrons nous tenir debout devant le monde, le cœur haut, l'âme libre, assez forts pour être les pères d'une race d'hommes qui feront de ce pays ce qu'il semblait être dans la vision prophétique des grands hommes qui l'ont fondé et de ceux qui l'ont sauvé.

CHAPITRE IV

L'AMÉRIQUE D'ABORD : UN SIMPLE MOT
OU UN FAIT ?

Le Gouvernement actuel, avec son penchant invétéré pour les discours et sa conviction que « faire des phrases » est une façon suffisante d'agir, s'est trahi lui-même sur la formule : « L'Amérique d'abord ». Pratiquement, en effet, il a agi suivant la théorie de « l'Amérique en dernier lieu », aussi bien chez nous qu'à l'étranger, aussi bien au Mexique que sur les Océans.

L'un des premiers et des plus élémentaires devoirs de toute nation digne d'être appelée civilisée est de protéger ses citoyens contre le meurtre et la violence. Depuis cinq ans au Mexique et depuis un an et demi sur mer, à cause de la grande guerre européenne, le gouvernement des États-Unis a honteusement manqué à l'accomplissement de ce devoir. On obtient un total de plusieurs centaines de victimes si on établit le bilan des Américains, hommes, femmes et enfants, assassinés sur mer, d'abord par les sous-marins allemands, puis par les sous-marins autrichiens ; de plus, des hommes de notre pays ont été massacrés, et des Américaines violées au Mexique, tandis que des femmes, des enfants, et même des soldats américains portant l'uniforme étaient tués ou blessés sur le territoire des États-Unis par des troupes mexicaines. Les assassinats d'Américains qui ont eu lieu depuis ces derniers mois ont même pris un caractère tout particulier d'acharnement. Ils montrent un profond mépris du pré sident Wilson, et une tendance à le considérer comme incapable de faire autre chose qu'écrire des notes. La mort de ces hommes et de ces femmes est due, avant tout, à la politique du président Wilson, faite de timidité et de faiblesse.

Rien d'effectif n'a été tenté pour mettre fin à ces atrocités. — Bien plus, des outrages à la personne et aux propriétés des étrangers ont été commis, à plusieurs reprises, au Mexique ; d'innocents Mexicains ont été massacrés par dizaines de mille ; et dans des cas innombrables, des femmes et des jeunes filles mexicaines ont été violées par des bandits infâmes déguisés en chefs civils ou militaires. Notre gouvernement a laissé ces gens se procurer des munitions pour pouvoir assassiner nos propres soldats et les citoyens paisibles du Mexique ; et le Président a actuellement proclamé qu'on ne devait pas intervenir dans ces « effusions de sang ! »

Au cours de la dernière année, des nations neutres, inoffensives, paisibles et fidèles aux lois, comme la Belgique, des peuples pacifiques, industrieux et respectueux de l'ordre, comme les Arméniens, ont dû supporter des dommages beaucoup plus considérables que tous ceux commis depuis la fin des guerres napoléoniennes ; la plupart de ces atrocités rappellent les jours de la guerre de Trente Ans en Europe, ou, pour les Arméniens, l'époque de Genghis Khan et de Tamerlan en Asie. Et cependant notre Gouvernement n'a rien fait pour aider le peuple opprimé ou pour châtier l'oppresseur.

Que ce courant d'infamie de notre part ait commencé lorsque le dernier Gouvernement s'abandonna aux partisans de la paix à n'im-

porte quel prix, et entreprit la négociation de
ses stupides et déplorables traités d'arbitrage,
il y a là, non pas une simple coïncidence,
mais une vraie relation de cause à effet. Les
individus et les nations qui prêchent une doctrine toute de sucre et de miel ont invariable-
ment une propension à craindre de se rencon-
trer avec ceux qui prêchent et pratiquent la
doctrine du sang et du fer. Il en est ainsi pour
notre peuple, comme il en fut ainsi pour les
compatriotes de Ruskin, lorsqu'il disait : « Nous
avons été passifs quand nous n'aurions pas dû
l'être, et nous l'avons été par lâcheté. Dans le
principe de la non-intervention que nous prati-
quons actuellement, il y a autant d'égoïsme et
de cruauté que dans le délire de conquêtes ;
l'unique différence vient de ce que cette attitude
est non seulement coupable, mais lâche ! »

Les pacifistes professionnels de la trempe de
MM. Bryan, Jordan, et Ford, qui, au nom de la
paix, prêchent des doctrines susceptibles
d'aboutir à l'infamie en même temps qu'à un
désastre complet pour leur propre pays, ne se
hasardent jamais, en pratique, à dénoncer les
mauvaises actions commises collectivement par

dès hommes dangereux. Les pacifistes professionnels attaquent le mal, seulement, lorsqu'ils peuvent l'attaquer sans risques pour eux-mêmes. Aussi, dans la grande crise actuelle, se sont-ils bornés à essayer d'empêcher les Etats-Unis de sauvegarder leur honneur, leur intérêt et la vie des citoyens américains à l'étranger ; dans leurs bruyantes proclamations, ils ont eu soin d'user d'un langage tel qu'il peut aussi bien s'appliquer aux peuples terriblement éprouvés, et qui défendent ce qu'ils ont de plus cher contre une oppression cynique et inhumaine, qu'aux hommes qui sont responsables de cette oppression. Ils n'osent pas parler de bon droit quand il s'agit d'un cas précis. Ils sont pleins de ménagements pour ces partisans de l'américanisme à trait d'union, qui essayent de faire de notre pays l'allié et l'instrument d'un militarisme étranger.

Ces pacifistes professionnels, grâce au président Wilson, ont entraîné les États-Unis dans la voie de la honte et du déshonneur, durant les dix-huit derniers mois. Par la faute du président Wilson, la plus puissante des nations démocratiques a refusé de reconnaître les obligations morales du droit public international. Notre pays a éludé son vrai devoir. Une déclaration franche et loyale de notre Gouvernement, protestant contre les iniquités atroces commises en Belgique, en Arménie et en Serbie, aurait mille fois mieux valu pour l'humanité que tout ce que les pacifistes professionnels ont fait depuis les quinze dernières années.

L'effet de notre inaction au Mexique a été épouvantable. Mais, en somme, plus déshonorants encore ont été les actes de notre Gouvernement dans la guerre européenne. Souvenons-nous que, dans certaines circonstances, l'inaction peut être pire que l'action la plus mauvaise ! Les phrases les plus belles deviennent écœurantes lorsqu'elles ne sont qu'une adroite dialectique, déguisant la volonté de ne rien faire de positif. Pendant trois ans, le gouvernement des États-Unis n'a fait qu'envoyer à l'Allemagne, au Mexique, à l'Autriche, des notes, des protestations diplomatiques, des avertissements et des ultimatums. Toutes ces notes étaient dépourvues de sens, et ne pouvaient empêcher quoi que ce soit. Les notes de M. Wilson ressemblent aux notes de M. Micawber. La forme en est différente, mais comme valeur elles vont de pair. Les notes de Micawber protestaient toujours, et M. Micawber crut toujours fermement qu'il obtiendrait un résultat en les multipliant. M. Wilson s'est nourri de la même illusion.

Pendant cette période, le Gouvernement n'a donné qu'une protection inefficace aux droits de ses citoyens naturalisés, lorsqu'ils se sont bien conduits. Et lorsqu'ils ont mal agi, il n'a pas insisté pour exiger d'eux qu'ils fissent leur devoir envers le pays auquel ils ont juré fidélité. Aux représentants du peuple allemand, aux Germano-Américains et aux Austro-Américains dont la fidélité va à l'Allemagne ou à l'Autriche et non pas aux États-Unis, il a permis de faire, à l'intérieur de nos frontières, une propagande dont l'un des résultats a été la destruction partielle ou entière de nombreuses usines, par l'incendie ou la dynamite. Une action sommaire aurait mis fin à cette guerre menée en pleine paix contre notre peuple; mais le Gouvernement n'a pas osé agir. Un grand complot a été ourdi contre l'Amérique sur le sol américain, et ce complot a été encouragé par la passivité du Gouvernement.

L'ambassadeur autrichien, M. Dumba, écrivit au ministre autrichien des Affaires étrangères : « Nous pouvons désorganiser et tenir en échec, sinon entièrement arrêter, la manufacture de munitions de Bethlehem et du Middle West, qui est très importante. » Trois mois après cette lettre, la menace était accomplie en ce qui concernait Bethlehem, et le *German Herald* de Milwaukee manifestait en ces termes sa joie à propos de cet exploit (12 novembre) : « Nous nous réjouissons de tout notre cœur de la destruction de ces machines meurtrières. » Dix jours après, un *mass-meeting* s'intitulant germano-américain eut lieu à Milwaukee, et le même journal, le lendemain, remarquait avec une joie délirante : « L'Allemagne a su parler fortement et distinctement à ses enfants sur un rivage étranger. » Et, en effet, le président du meeting a dit nettement que le but de cette assemblée était de propager l'idéal allemand à travers le pays (nous avons vu plus haut comment, pour y arriver, ils employèrent les bombes et les torches) et que lui et ses amis « considéraient le

« trait d'union » comme un honneur ». L'orateur suivant fut tout aussi explicite, lorsqu'il s'écria : « Nous sommes tous, ici, des frères allemands, quel que soit le pays où nous vivons. » Les hommes qui font de telles déclarations ou y applaudissent sont des ennemis de ce pays. Si tant d'insolence est possible, c'est parce que le Gouvernement, reculant devant les conséquences politiques, n'ose pas soutenir l'honneur du drapeau américain et protéger la vie des citoyens américains.

Avant de revenir sur la manière honteuse dont le Gouvernement a trahi ses devoirs envers les véritables citoyens américains, je désire dire un mot de l'indifférence dont nous avons fait preuve au sujet de nos engagements envers les neutres. Le 23 août 1915, le *World* de New-York, reconnu unanimement comme l'organe du président Wilson, publiait en détail certains papiers secrets venant de l'ambassade d'Allemagne et relatifs aux négociations qui eurent lieu entre cette ambassade et le Président, ainsi qu'aux menées des représentants allemands en vue d'organiser une campagne pro-germanique aux États-Unis. Je n'aurais prêté aucune attention à cette publication si elle venait d'un journal anti-gouvernemental, mais elle émane, comme je l'ai dit, de l'organe spécial du Gouvernement. Entre autres choses, cette correspondance montre qu'un individu, désigné par les initiales M. P., transmit à l'ambassade allemande un rapport secret dont voici les principaux points :

1° « La note adressée à l'Angleterre partira de toute façon, que les réponses allemandes donnent ou non satisfaction (à propos des attaques des sous-marins allemands) ;

2° « Même dans le cas où l'affaire du *Lusitania* serait résolue d'une manière satisfaisante, le Président s'engagera à mener jusqu'au bout la protestation contre l'Angleterre ;

3° « La continuation du différend avec l'Allemagne à propos du *Lusitania* met le Président dans l'embarras pour protester contre l'Angleterre. »

Bien plus, le rapport disait que le Président désirait connaître les tendances de la note allemande avant qu'elle soit officiellement envoyée, et se déclarait prêt, avant que la réponse soit rédigée, à la discuter avec M. P., afin d'assurer un accord lors de la réception.

Or, la conduite du Président, depuis la publication de ce rapport, montre que ce M. P. ou bien parlait sous l'inspiration du Président, ou possédait le don de seconde vue et de prophétie, car l'accommodement annoncé et contenu dans le message adressé à l'ambassadeur allemand est devenu une réalité. L'Allemagne n'a jamais offert aucune compensation pour le *Lusitania*, mais lorsque l'Angleterre réussit à détruire les sous-marins allemands autour des îles anglaises, lorsque, par la suite, l'Allemagne se vit empêchée de continuer ce genre de guerre, elle consentit à l'abandonner, huit mois après le premier avertissement du Président à ce sujet. Au cours de ces huit mois, les submersibles germaniques ont coulé navire sur navire, sans souci de l'avertissement du Président, traitant avec l'indifférence méprisante qu'elles méritaient les notes successives que le Président continuait d'envoyer au lieu d'agir. Aussitôt que le Président reçut cette concession trompeuse, il fit ce que M. P. avait annoncé à l'ambassadeur d'Allemagne. Il envoya une note sévère à l'Angleterre. On publia bien haut que cette note montrait que le Président agissait à l'égard de l'Allemagne comme à l'égard de l'Angleterre. C'était un non-sens. Intervenir à propos de commerce est un non-sens lorsque le crime règne sur les mers. La polémique avec l'Angleterre n'avait pour objet que des questions de commerce et de propriété. Avec l'Allemagne, au contraire, il s'agissait d'humanité, et la question qui se posait était de savoir si l'on protégerait la vie d'hommes, de femmes, et d'enfants innocents contre les assassinats commis sur l'Océan. Le président Wilson tenait la promesse à laquelle M. P. avait fait allusion, et cela au détriment de l'humanité, au détriment de notre réputation de fidélité et de courage. Nous voudrions maintenant savoir si M. Wilson remplira entièrement la promesse de M. P. à l'ambassadeur allemand et continuera, vis-à-vis de l'Angleterre, cette polémique dans laquelle il s'est engagé à outrance.

Mais ce n'est pas tout. Pendant plus d'un an, non content de garder le silence sur les atrocités odieuses qui eurent lieu en Belgique après la violation de sa neutralité par l'Allemagne, le

Président a dit publiquement qu'en face de cet abus de force, de ce conflit entre le droit et l'injustice, il était de notre devoir de « rester neutres » non seulement en paroles, mais en pensée. Le 3 août 1914, le Chancelier de l'empire d'Allemagne avouait qu'en envahissant la Belgique, l'Allemagne commettait « une violation de la loi internationale » ; et cependant, en dépit de cette déclaration et de notre inaction, le Président, par l'entremise du secrétaire d'État, employa les expressions suivantes dans sa note à l'Angleterre : « Les États-Unis assument l'engagement de maintenir, contre les agissements illégaux des belligérants, l'intégrité des droits des neutres ayant reçu la sanction du monde civilisé, et ils n'hésiteront pas à employer toute leur énergie dans l'accomplissement de cette tâche ». Il est inconcevable qu'un être humain ait pu se rendre coupable d'une déclaration aussi étourdie et aussi effrontée. Comme on l'a dit avec juste raison, c'est une odieuse hypocrisie de se poser en champion des droits des neutres, lorsqu'on fait semblant d'ignorer l'homicide pour ne s'attarder qu'aux petits larcins. Dans sa correspondance avec l'Allemagne, le président Wilson avait informé cette nation que, si elle continuait à agir de la sorte, il devrait croire à « une responsabilité formelle ». Or le Président a agi de façon à montrer que, dans sa pensée, ces mots ne voulaient absolument rien dire. La façon dont il s'est conduit prouve qu'en se proclamant « le champion de l'intégrité des droits des neutres », il prononçait des paroles vides de sens.

Il y a dix-huit mois, je signalais que le devoir des États-Unis était de « se faire le champion de l'intégrité des droits des neutres » — en l'espèce, des droits de la Belgique (qui avaient reçu la sanction de la Convention de La Haye, dont les États-Unis étaient l'un des signataires) — contre la conduite illégale de l'Allemagne belligérante. A ce moment, les défenseurs de M. Wilson déclarèrent que je « désirais rompre la neutralité », que je voulais que les États-Unis, méconnaissant leurs propres intérêts, se mêlent à un conflit qui, financièrement parlant, ne les regardait pas. M. Wilson lui-même annonça publiquement qu'il n'était pas de notre devoir de nous faire les champions de la neutralité belge contre « la conduite illégale de l'Allemagne belligérante » et que nous devions rester neutres non seulement en paroles mais en pensée. Cependant, un peu plus tard, M. Wilson, répudiant ses paroles, s'exprime exactement comme je l'avais fait et demande ce que j'avais demandé, presque dans les mêmes termes ; avec cette différence que, moi, je pensais ce que j'ai dit, tandis que les actes de M. Wilson ont montré qu'il ne pensait pas ce qu'il disait lorsqu'il s'agissait d'une nation dont il a peur. M. Wilson a conseillé à ce pays de négliger ses devoirs envers les autres comme envers ses propres citoyens assassinés, tant que l'offenseur était une nation puissante fournissant à M. Wilson une grande partie de ses électeurs. Et maintenant le Président soutient vaillamment les droits des États-Unis contre une nation qui n'a point d'électeurs influents dans ce pays, et qu'on peut, croit-il, braver à propos de cargo-boats et de marchandises. Il n'ose insister lorsqu'il s'agit du massacre de femmes et d'enfants, alors que, moi, je voulais prendre le parti de l'opprimé et du faible contre le mal triomphant, je voulais que nous défendions nos propres droits, mais plus encore la vie et l'hon-

neur des hommes, des enfants, et des femmes
de notre pays.

En ce qui concerne la Belgique, M. Wilson a
suivi l'exemple du Lévite, qui, il y a mille neuf
cents ans, laissa se débrouiller le voyageur
attaqué par des voleurs près de Jéricho. Maintenant il va plus loin que le Lévite, car il con-
clut un accord avec le voleur, et, dans son intérêt, tâche d'intimider les nations qui essaient
de jouer le rôle du bon Samaritain envers la
Belgique infortunée.

Un an plus tard, M. Wilson a finalement
adopté mes idées à propos de la préparation. Il
est vrai qu'il a appliqué ces idées à contre-
cœur et d'une façon qui les rend inefficaces.
Je dénonçais depuis un an la « paix à n'importe
quel prix » lorsque M. Wilson se décida à suivre
mon exemple, en citant, à ce propos, les paroles
d'Ézéchiel que j'avais citées autrefois. Un an
après moi, il s'est résigné à attaquer l'américanisme au « trait d'union », et maintenant il
accepte, au sujet du devoir de l'Amérique vis-
à-vis des nations neutres, mes opinions, qu'il
attaquait violemment l'an dernier. D'ailleurs il
n'applique mes doctrines que dans l'intérêt des

dollars américains, et il ne montre de la fermeté qu'à l'encontre des nations honnêtes. Évidemment, on peut user de fermeté lorsqu'il s'agit des dollars américains ; mais il serait plus utile encore d'y recourir lorsqu'il s'agit de vies américaines, et c'est surtout contre le principal coupable qu'il conviendrait de prendre des mesures efficaces.

Revenons au cas du *Lusitania*. Lorsque ce vaisseau fut coulé, des centaines de femmes et d'enfants, la plupart américains, trouvèrent la mort à la suite d'une attaque brutale et criminelle, conforme à la politique établie par le gouvernement allemand. Le président Wilson resta indifférent et fabriqua, le lendemain de la catastrophe, le fameux compte rendu où il parlait d'une nation « trop fière pour combattre » ; étant données les circonstances, c'était dire, sans aucun doute, que le meurtre de femmes et d'enfants américains pouvait être accepté par les citoyens des États-Unis comme une bagatelle, ne donnant lieu qu'à une vaine déclamation. Ces hommes, ces femmes et ces enfants furent massacrés sur le *Lusitania*, parce que le gouvernement allemand savait que le gouvernement de M. Wilson n'avait pas l'intention d'appuyer ses paroles par des actes. Les événements montrèrent que sa supposition était exacte. De longs mois ont passé depuis. Des navires américains ont été coulés et torpillés, d'autres vies américaines perdues ; et le Président a écrit d'autres notes sur ce sujet, mais il n'est jamais allé plus loin. On ne peut trouver à son attitude qu'une explication : la peur qu'il a de voir l'Allemagne refuser de désavouer ses actes. Le président Wilson, sans jamais agir, s'est contenté de déclamer, sur la morale abstraite, des platitudes agréablement exprimées.

Le 21 juillet 1915, il demanda à l'Allemagne, dans une note formelle, de désavouer la destruction du *Lusitania* et de promettre une indemnité. Si les explications données ensuite à l'ambassadeur allemand ne répondaient pas aux intentions de M. Wilson, il est impossible de comprendre que, pendant les six mois consécutifs à l'envoi de la note, aucune réponse ne soit venue d'Allemagne et qu'aucune nouvelle demande d'explications n'ait été formulée. La controverse fut reprise seulement lorsque l'Al-

lemagne sentit que sa guerre sous-marine allait
échouer, et qu'il valait mieux l'abandonner
afin d'amener les États-Unis à prendre parti
contre l'Angleterre, la France et la Belgique.
L'Allemagne croyait, avec quelque raison, qu'en
retour d'une prétendue concession au président
Wilson, ce dernier jouerait son jeu allemand
contre l'Angleterre. Cet espoir fut abandonné
(temporairement ou non, nous ne pouvons le
dire encore) seulement lorsque fut révélée, en
janvier 1916, la complicité de l'ambassade allemande dans les attentats contre nos usines de
munitions.

Apparemment, le président Wilson a cru que
le peuple américain oublierait complètement
ses morts, qu'il ferait bon marché du déshonneur et de l'abaissement des États-Unis, sous ce
prétexte, le plus lâche de tous, que, « de toute
façon, le Président nous évite la guerre ». Les
gens qui se contentent d'une telle excuse affir-
ment, d'une voix tremblante, qu'ils marchent
« derrière le Président ». Ah ! oui, ils marchent
« derrière lui », bien loin aussi du devoir, de
l'honneur, et du risque auxquels ils tournent le
dos. « Tenez-vous auprès du Président ! nous

dit-on. » Oui, tenez-vous près de lui, soutenez-le, lorsqu'il agit honorablement : mais soyez contre lui lorsqu'il fait mal ! En 1856 et 1860, la seule attitude honorable était de lutter contre Pierce et Buchanan, comme Lincoln. Si Lincoln avait immédiatement, dans un discours, déclaré que les amis de l'Union étaient « trop fiers pour combattre », s'il avait passé les quatre mois suivants à échanger des notes diplomatiques « fermes » avec Jefferson Davis, il aurait eu le concours enthousiaste des amis passionnés de la paix, — et les États-Unis n'existeraient plus actuellement.

La presse allemande, qui est parfois terrible-ment franche, nous a donné, avec une char-mante simplicité, le point de vue allemand, lorsqu'en commentant la note de M. Wilson à l'Angleterre la *Kœlnische Volkszeitung* re-marque : « Si l'Amérique avait, dès le début, pris énergiquement parti contre l'Angleterre, il n'y aurait pas eu de guerre sous-marine, et le *Lusitania* et l'*Arabic* n'auraient pas été coulés ».

Évidemment, il serait impossible de désirer une preuve plus éloquente de préméditation dans l'attaque criminelle du *Lusitania*. La phrase citée plus haut prouve aussi que l'Allemagne était persuadée que cet attentat avait réussi à terroriser le président Wilson, et à le forcer d'agir contre l'Angleterre. Le Dr Dernburg, parlant non seulement au nom de l'Allemagne, mais aussi au nom des partisans américains de la politique à « trait d'union », louait à ce sujet la conduite de M. Wilson, et montrait qu'il avait bien mérité de ses concitoyens. Le Dr Delbrück, parlant aussi au nom de l'Allemagne, avertit d'ailleurs M. Wilson que cette note à l'Angleterre devait être suivie d'actes, afin de rendre durable le bon vouloir de l'Allemagne. L'insolence avec laquelle le gouvernement allemand fait pression sur les timides habitants de Washington n'est dépassée que par son extrême cynisme et sa brutalité. Il contraint les malheureux Belges à fabriquer des munitions avec lesquelles ils tuent leurs propres compatriotes, et proteste contre les Américains qui fabriquent des armes pour arracher la Belgique à ses assassins! Et il y a des Américains assez lâches pour accepter de telles protestations! Et pendant ce temps, M. Henry Ford emmène quelques-uns de ses amis pacifistes en Europe, — organisant une sorte de « partie fine en vue de la paix »; il s'efforce d'arriver à une paix plus dégradante pour l'humanité que la pire des guerres, — une paix qui serait la consécration du mal, et foulerait aux pieds le bon droit.

Une autre conséquence directe de notre indifférence dans l'affaire du *Lusitania* fut l'abominable torpillage de l'*Ancona*. Le bilan de cette attaque sous-marine se chiffre par la mort de plus de deux cents personnes, pour la plupart des femmes et des enfants, et, dans le nombre, neuf Américains. Naturellement, il n'est d'aucune importance de savoir si le méfait fut accompli par un sous-marin autrichien ou allemand. Souvenez-vous du *Lusitania*! La mort de ces pauvres femmes, de ces pauvres enfants de l'*Ancona* et des différents autres navires coulés dans des circonstances analogues est due à notre lâcheté dans le cas du *Lusitania*, à la lâcheté du peuple américain encouragé par son Gouvernement. Si ce Gouvernement avait agi comme il l'aurait dû, comme le demandaient tous ceux qui croyaient à l'honneur américain, l'*Ancona* n'aurait pas été coulé, on n'aurait plus assassiné sur mer des femmes et des enfants. Et cependant le Gouvernement attend anxieusement, nerveusement, un prétexte quelconque, une excuse vulgaire qui lui permette d'éviter d'agir ; il ne s'est résigné à l'action que le jour où le gouvernement autrichien a pris un ton insolent ; et même alors, le Président n'a pas osé parler du cas du *Lusitania*. Les votes autrichiens sont peu importants et assez divisés dans notre pays ; militairement parlant, l'Autriche ne peut nous menacer en aucune manière ; mais il en va autrement de l'Allemagne et des Germano-Américains professionnels. Aussi le président Wilson feint-il d'oublier le premier et le plus formidable offenseur, celui qu'il redoute ; il cherche à distraire l'attention en agissant contre l'Autriche, dont il a moins peur. A propos du *Lusitania*, le Président a écrit notes sur notes, toutes en termes éloquents, mais toutes également stériles dans leur futilité, parce qu'il se refusait à agir, et que l'Allemagne savait qu'il n'agirait point. L'*Ancona* fut la conséquence directe de cette politique de timidité évasive, exactement

comme le *Lusitania* avait été la conséquence de
la politique « d'attente vigilante ». Après le
torpillage de l'*Ancona*, vint celui du *Persia*;
après celui du *Persia*, on eut les preuves de
l'activité du représentant officiel de l'Allemagne
von Papen dans la campagne de meurtres et
d'incendies dirigée contre nos usines de munitions. Je blâme le Gouvernement, mais je blâme
encore plus le peuple américain, qui demeure
indolent et encourage ses représentants à laisser
impuni le meurtre de femmes, d'enfants, et de
non-combattants, plutôt que se décider à adopter
une politique qui peut, il est vrai, mettre en
péril la vie de quelques soldats.

Le Gouvernement a récemment inauguré une
campagne qui s'inspire d'une nouvelle formule :
« Notre sûreté d'abord ! » Ce qui signifie que
des dirigeants placent l'honneur et le devoir
au second rang, ou plutôt, ne leur donnent
aucun rang. La sûreté avant tout. C'est avec de
tels aphorismes que, dans un naufrage, les
hommes se conduisent comme des lâches, et se
précipitent vers les bateaux de sauvetage en
écrasant les femmes et les enfants. Il n'est pas
devise plus ignoble pour une nation généreuse

et aimant la justice. Les compatriotes de Washington et de Lincoln, de Jackson de Grant, de Lee et de Farragut, devraient rougir de honte en voyant leurs représentants se désintéresser des femmes et des enfants massacrés, négliger les torts causés aux faibles et les dangers courus par notre propre peuple, pour penser seulement au meilleur moyen d'arranger les choses sans être obligé de prouver son courage ou son patriotisme. C'est un jour néfaste pour un peuple, que celui où il permet à ses représentants de pratiquer l'évangile de la lâcheté et l'oubli égoïste et complet de leur devoir. Et souvenons-nous que cette politique de déshonneur et de discrédit n'assure même pas la sécurité qu'elle recherche! La politique du Gouvernement ne nous a pas attiré le respect des autres : elle a été une prime offerte au meurtre. Elle n'a pas assuré la paix qui, soit dit en passant, l'aurait probablement été par une politique ferme et énergique. La paix est compromise, à l'heure actuelle, parce que la faiblesse et la timidité disposent à renouveler des actes susceptibles de conduire n'importe quel pays à la guerre.

Ce n'est pas tout. L'Allemagne et l'Autriche ne nous ont pas seulement fait la guerre sur mer, elles l'ont poursuivie jusque dans notre propre pays. Elles ont, par l'intermédiaire de leurs représentants, encouragé les grèves et les violences dans nos usines. La presse a publié la nouvelle que, dans les consulats des empires centraux et dans les journaux étrangers contrôlés ou inspirés par ces consulats, on avait présenté le règlement de notre Gouvernement sur la naturalisation, et sur l'antagonisme des droits qui en résulte, comme un avertissement donné aux émigrants ouvriers, pour leur rappeler qu'ils restent toujours citoyens de leur ancien pays, et qu'ils doivent obéir aux ordres donnés par leurs représentants. Le Dr Joseph Goricar, autrefois austro-hongrois, consul à San Francisco, a été destitué de son poste pour avoir refusé de prendre part au complot ourdi en vue de détruire les usines de munitions de cette région. Un pareil mouvement équivaut à la guerre, mais à une guerre d'assassinats et non à une guerre franche. Voilà le résultat direct de l'apathie du Gouvernement !

Certainement, l'un de nos besoins les plus

urgents est de nous défendre contre les conspi-
rateurs armés de torches et de bombes. Ceux
qui s'emploient à cette besogne de meurtre sont
beaucoup plus dangereux que les ennemis étrangers ordinaires. Les journaux qui excusent leurs
actes ou les leur pardonnent devraient être
promptement exclus des États-Unis. Ceux qui,
par derrière, couvrent ces criminels, — les dirigeants allemands et autrichiens, — ont, de fait,
déclaré la guerre à notre pays, et sont beaucoup
plus dangereux que s'ils recouraient à la force
des armes. Et le président Wilson a tenté d'excuser non seulement les nations qui nous veulent
du mal, mais encore ceux qui, parmi nous, se
disant citoyens américains, sont demeurés
fidèles à leurs pays d'origine au point d'être
maintenant nos ennemis ! Il les a, par ses actes,
encouragés à essayer de faire de notre pays une
sorte de pension de famille polyglotte, où chaque
clan de pensionnaires étrangers pourrait impu-
nément prêcher la déloyauté, favoriser le crime
et la trahison.

Il est pénible d'avoir à récapituler les crimes
commis depuis plus d'un an, tandis que les États-
Unis restaient tranquilles. Miss Cavell a été fu-

sillée pour des actes que des milliers de femmes,
du Nord au Sud, ont accompli pendant notre
guerre civile ; si Abraham Lincoln ou Jefferson
Davis avaient jamais osé mettre à mort une seule
de ces femmes, un formidable cri d'exécration
se serait élevé chez les hommes des deux partis.
Mais on n'a pas hésité à tuer Miss Cavell, et
aucune désapprobation n'est venue de notre Gouvernement. La Belgique a été rayée de la liste
des nations, par un acte de déloyauté internationale sans exemple dans les temps modernes ;
mais le Gouvernement se garde bien d'en parler, et les hommes de la trempe de MM. Bryan,
Jordan et Ford, tout en implorant la paix
d'une voix pleine de sanglots, n'osent même
pas faire une timide allusion à l'infamie qui
a été commise. Souvenez-vous qu'il est impossible de mettre raisonnablement en doute la
réalité des violences épouvantables exercées
contre les Belges, qu'il est également certain
que ces violences ont été méthodiquement
commises sur l'ordre du gouvernement allemand, qui voulait terroriser ses ennemis et
ceux, parmi les neutres, qui font preuve de la
même indifférence et du même égoïsme que nos

gouvernants! Si quelqu'un en doute, qu'il lise, dans la *Tribune de New-York* du 25 novembre 1915, le compte rendu écrit par M. Arthur H. Gleaton, témoin de ces atrocités sans nom! Plus tard la Serbie a connu à son tour, des affres d'une angoisse mortelle. Les Arméniens ont été massacrés et torturés, leurs femmes ont été violées, et ces crimes rappellent ceux des Apaches indiens du vieux temps. Le Gouvernement n'y peut rien, même s'il désirait agir : car le silence qu'il a gardé à propos de la Belgique, la crainte honteuse qui l'empêche d'intervenir lorsqu'il y va de l'intérêt de nos propres citoyens assassinés par des Mexicains au Mexique et par des Allemands et des Autrichiens sur mer, rendraient toute protestation oiseuse et ridicule de sa part.

Dans le cas des Arméniens, quelques-uns des pacifistes et des admirateurs de la neutralité se sont aventurés à former des comités et à parler, — sans d'ailleurs agir, — des « atrocités arméniennes ». Ils n'ont rien dit jadis des atrocités belges ; mais ils consentent à parler, sans agir, en faveur de l'Arménie. L'explication est bien simple. On avait peur du vote des Allemands :

mais il n'y a pas chez nous d'électeurs turcs, et la Turquie n'effraie personne.

Dans de telles circonstances, nos pacifistes font preuve d'une véritable folie antipatriotique lorsqu'ils parlent sans cesse de paix, sans oser se montrer les champions du bon droit et préconiser une préparation militaire qui, seule, permettrait aux États-Unis d'obtenir justice pour eux-mêmes et de la demander pour les autres. M. Taft, qui accepte la Présidence « de la ligue pour fortifier la paix », doit naturellement savoir que, tant que les États-Unis n'auront pas une armée de 2 ou 3.000.000 d'hommes, ils ne pourront rien faire en vue de renforcer la paix, dans une crise comme celle qui sévit actuellement. Pourtant, si j'en crois la presse, M. Taft déclare que former une armée permanente de deux cent mille hommes serait faire du « militarisme », et manifester des intentions agressives ; et que, par conséquent, il faut s'y opposer. Notre pays ne sera jamais capable d'accomplir ses destinées ou de jouer un rôle noble dans le monde s'il ne fait pas justice du tort que lui cause, matériellement et moralement, l'ignoble propagande pacifiste dont sont responsables des hommes comme M. Taft et d'autres, qu'ils soient capitalistes, socialistes, professeurs, politiciens, ou publicistes. Les États-Unis n'ont pas un ami au monde. Leur conduite sous la direction de leur représentant officiel, depuis cinq ans et surtout depuis les trois dernières années, leur a aliéné le respect et leur a assuré le mépris de toutes les grandes nations civilisées. Les traités de paix, l'éloquence vaine du Président, et le bas matérialisme qui cherche un bénéfice dans l'oubli du devoir, ne nous seront, maintenant, d'aucun secours. Pendant cinq ans, nos dirigeants à Washington ont cru que le peuple des États-Unis ne songeait qu'à gagner aisément de l'argent, à se dérober aux risques et à l'effort, sans penser qu'un homme « trop fier pour se battre » est, en général, toujours traité comme étant bon à recevoir des coups de pied. Nous avons maintenu la paix alors que nos femmes et nos enfants étaient massacrés. Nous avons détourné les yeux du malheur de nos frères.

Tous les associés de M. Henry Ford, dans cette propagande pacifiste conduite par des messieurs du type de Bryan ou de Jordan pourraient méditer avec profit ces pensées de

M. L.-S. Martin : « Il n'y a pas grand bien à attendre de celui qui ne possède pas un idéal qu'il préfère à sa propre vie, même à la vie la plus agréable. Vous travaillez à rendre la vie agréable, mais la guerre, Henry, aide à la rendre noble ; et si elle ne l'est pas, alors peu importe, Henry, qu'elle soit agréable ou non ! C'est la vieille leçon du Calvaire, répétée à Mons, à Ypres, à Liège et à Namur. Qu'il y ait beaucoup ou peu de gens dans le monde, qu'ils soient gras ou maigres, qu'ils soient des intellectuels ou non, cela ne constitue pas une différence vitale ; ce qui est essentiel, c'est qu'il y ait des hommes prêts à mourir pour un sentiment qui, à leur avis, fait toute la différence entre une porcherie et un paradis. Les hommes ne vivent pas que de pain. »

Si la masse n'a aucun idéal, elle périra. Qui n'a pas au cœur la force de mourir noblement pour une grande cause n'a pas le droit de vivre. Laissons la haine aller à ceux qui soutiennent des guerres injustes et, au moyen de violences inhumaines, oppriment des êtres loyaux et inoffensifs ! Rendons honneur à ceux qui prêchent la paix sans cesser de placer le bon droit au-dessus de la paix ! Mais honte à ceux qui nous enseigneraient qu'on ne doit point mépriser la nation qui, faute de préparation, se rend incapable de défendre la justice et de subir l'épreuve d'une guerre juste, engagée par un peuple courageux dont les âmes communient dans un idéal élevé !

Est-ce que ces pacifistes professionnels ont perdu toutes les qualités viriles ? Ignorent-ils ce qu'est la noblesse de l'âme ? Leurs paroles sont un affront à la mémoire de Washington, leurs actes une répudiation de l'œuvre tout entière de Lincoln. Sont-ils à ce point enfoncés dans un matérialisme sordide, qu'ils ne tressaillent pas lorsqu'ils lisent *L'homme sans patrie* d'Edward Everett Hale ? Il est vraiment étrange que, malgré leurs cœurs timides et froids, ils ne ressentent aucune émotion en lisant ces simples vers de Lowell :

Mieux vaut que tous nos vaisseaux et tous leurs équi-
[pages
Sombrent pour pourrir dans la vase et dans l'oubli de
[l'Océan,
Que chaque drapeau déchiré continue à flotter dans un
[dernier défi,

Que chaque canon réduit au silence témoigne du cou-
[rage d'un héros!
Car s'accrocher à la paix est l'acte d'un lâche.
Donnez-moi plutôt la paix d'un homme mort et d'un
[brave!

———

CHAPITRE V

LE DEVOIR INTERNATIONAL
ET L'AMÉRICANISME D'OCCASION

Au cours de l'année dernière, l'activité de nos pacifistes professionnels s'est exercée dans un sens vraiment odieux. Ils ont tendu la main aux pires ennemis de l'Amérique, aux Américains d'occasion, je veux dire aux Américains à épithètes, et aux représentants avides de ces Américains dont le Dieu unique est l'argent. Ils ont cherché à empêcher notre pays de secourir le bon droit, foulé aux pieds par la violence triomphante. Tous ceux, hommes ou femmes, qui ont demandé la paix à grands cris, sans oser reconnaître que pareille paix serait un crime tant que la Belgique ne serait pas rendue à son propre peuple, ont servi le démon et non le Seigneur. Tous ceux qui, à l'heure actuelle, demandent au nom de la paix que les États-Unis refusent de fournir des armes et des munitions de guerre aux nations qui ont eu le courage de lutter pour faire rendre justice à la Belgique, servent le démon et non le Seigneur.

Quant à ces Américains d'occasion, ils nous ont appris, entre autres choses, qu'en cherchant à concilier la fidélité au pays natal et la fidélité due à la patrie d'adoption, on en vient, pratiquement, non seulement à mépriser, mais à haïr le drapeau des États-Unis. Lorsque deux drapeaux sont arborés sur la même hampe, il y en a toujours un qui se trouve plus bas que l'autre ; et ces Américains ne manquent pas de placer le drapeau des États-Unis au-dessous de l'autre. Qu'il soit de naissance ou d'origine allemande, le citoyen américain, s'il est un bon Américain et rien d'autre, s'il s'attache loyalement et sans restrictions à notre pays et à son drapeau, est l'égal des autres Américains. Il a droit à la même considération et au même traitement que ceux dont les ancêtres abordèrent ici sur le *Mayflower*, ou s'établirent sur les rives du James, il y a trois siècles. J'ai des Allemands dans mon ascendance et j'en suis aussi fier que de tout autre sang qui coule dans mes veines. Mais, je suis un Américain, Américain sans plus !

Ceux qui revendiquent le nom de Germano-Américains, et, à ce titre, ont créé un mouvement l'an dernier, ont montré qu'ils ne sont nullement des Américains, mais des Allemands installés en Amérique. Ils ont agi contrairement à l'intérêt de ce pays. Celui qui chante *Deutschland Uber Alles* pense absolument ce qu'il chante. Il veut dire qu'il préfère l'Allemagne au drapeau étoilé, à l'honneur des États-Unis, aux intérêts des Américains en général.

Les Américains d'origine allemande constituent l'un des éléments principaux de la population des États-Unis ; et je persiste à croire que l'immense majorité d'entre eux a une âme foncièrement et exclusivement « américaine ». Moi-même, je l'ai dit, j'ai du sang allemand dans les veines. Un grand nombre de mes plus intimes amis, un grand nombre des hommes que je respecte et honore le plus dans notre vie publique sont, pareillement, des Américains d'origine allemande. L'un d'eux, — il descendait d'un colonel de l'armée de Blucher, — a été l'un des membres de mon ministère, où il

siégeait à côté d'un autre Américain descendant
de l'un des frères de Napoléon. Mais tous les
deux étaient simplement des Américains. L'ou-
vrage scientifique dont je m'enorgueillis le plus
d'être l'auteur, je l'ai écrit en collaboration avec
un naturaliste, — mon fidèle compagnon dans
mes chasses d'Afrique — dont les parents
étaient Allemands : mais mon collaborateur,
lui, est un Américain et pas autre chose !
L'homme qui était le plus proche de moi au
point de vue politique pendant les dix années
de mes fonctions de Gouverneur et de Président
sortait, également, de souche allemande : mais
lui-même n'était qu'un parfait Américain.
Quelques-uns des meilleurs soldats et officiers
de mon régiment, depuis mon « brosseur » jusqu'à l'un de mes capitaines, étaient de naissance
ou de famille allemande : mais eux-mêmes étaient,
uniquement, des Américains. Enfin, parmi les
ecclésiastiques, philanthropes, publicistes, et
autres excellents citoyens de toute condition
avec lesquels je travaille en cordiale sympathie,
beaucoup sont de provenance allemande et
quelques-uns sont nés en Allemagne, — ce qui
ne m'empêche pas de m'entendre avec eux aussi

pleinement qu'avec des compatriotes issus d'anciens colons américains. Et si cette entente est possible, c'est que ces hommes et ces femmes sont, tout comme moi, des Américains, et pas autre chose.

Je suis, pour les citoyens américains d'origine ou de naissance allemande, comme je suis pour n'importe quel autre Américain. Mais je ne suis en aucune façon pour les Germano-Américains ni pour toute autre espèce d'Américains à étiquette. Lorsque j'étais Président, j'eus l'occasion d'approcher de très près nombre d'officiers de l'armée et de la marine. Le colonel George Washington Goethal a fait plus et mieux que n'importe quel Américain. Or il est d'origine hollandaise. Mais il n'est pas plus Hollando-Américain que moi : il est Américain tout court. Parmi nos attachés navals et militaires se trouvaient Lee, Grant, Sheridan, Osterhaus, descendants tous de généraux qui ont combattu dans les armées de l'Union ou de la Confédération. Deux d'entre eux étaient de vieille souche révolutionnaire, écossaise ou anglaise. Le grand-père du troisième était né en Irlande, et celui du quatrième en Allemagne.

Mais ils étaient tous des Américains et rien
d'autre. Le général Wood, descendant d'une
famille de rebelles d'autrefois, organisa à Cuba
le mouvement républicain ; le général Barry,
d'origine irlandaise, commanda l'armée qui
délivra Cuba ; et l'un était aussi bon Américain
que l'autre. Parmi les amiraux sur lesquels je
me reposais, on comptait : De Wey, Evans,
Taylor, et Cameron Winslow, de souche anglaise
ou hollandaises anciennes, O'Neil et Schroeder,
l'un d'origine irlandaise, l'autre d'origine allemande. Ces deux derniers étaient d'aussi bons
Américains que les quatre premiers. C'eût été un
crime aussi bien qu'un malheur de chercher à
établir une différence entre eux, comme d'ailleurs
entre les autres officiers, de notre armée et de
notre marine, pour des questions de naissance,
d'origine nationale, ou de croyance.

Je n'ai jamais connu un meilleur Américain
que Jacob Rüs : il était né en Danemark.
Parmi les Américains en qui je crois, il y a des
juifs, des catholiques, des protestants ; des
hommes de vieille souche américaine, et
d'autres d'origines récentes allemande, anglaise, française, irlandaise, italienne, scan-

dinave, magyare et slave; mais tous sont Américains, méritent d'être traités comme tels, et ne demandent pas autre chose. Je m'élève contre les Germano-Américains qui cherchent à se servir des citoyens de notre pays dans l'intérêt d'une puissance étrangère; ils montrent par là qu'ils sont indignes d'être des Américains. Je m'élèverais de même contre l'Américain d'origine anglaise, française, scandinave ou irlandaise, qui se rendrait coupable d'une conduite analogue. La lettre suivante, que j'écrivais récemment, me fera comprendre :

« J'en suis désolé, mais je ne puis signer cette pétition. Je ne l'approuve pas. Vous demandez aux Américains de se proclamer Anglo-Américains, et de sympathiser avec l'Angleterre parce que l'Angleterre est notre mère-patrie, et afin de faire acte de cette politique que vous appelez « se tendre la main au-dessus des mers ». Je ne pense pas que cette attitude convienne aux Américains. L'Angleterre n'est pas plus ma mère-patrie que l'Allemagne mon pays d'origine. Les États-Unis, voilà et ma mère-patrie et mon pays d'origine et mon propre pays ! Je suis de ces Américains dont les ancêtres sont venus de différents pays d'Europe. La proportion des Américains de cette espèce ira toujours croissant. Je ne crois pas en l'américanisme d'occasion. Je ne crois ni aux Germano-Américains, ni aux Irlando-Américains; je ne crois pas davantage aux Anglo-Américains. Je n'approuve pas les Américains d'origine allemande lorsqu'ils s'organisent en vue d'obliger les États-Unis à conclure une alliance pratique avec l'Allemagne, sous prétexte que leurs ancêtres vinrent d'Allemagne. Je n'approuve pas davantage les citoyens américains d'origine anglaise, lorsqu'ils forment des ligues, dans le but d'obliger les États-Unis à s'allier à l'Angleterre pour la seule raison que leurs ancêtres vinrent d'Angleterre. Nous autres, Américains, nous voulons être un peuple bien défini : si nous descendons de toutes les nations européennes, nous répudions toute attache avec elles. Le vieux stock révolutionnaire était surtout anglais, mais il ne l'était pas exclusivement, puisque, parmi les descendants des révolutionnaires de New-York, de Pensylvanie et de Géorgie, beaucoup ont, comme moi, des traces de sang hollandais, français, écossais, irlandais, belge, allemand, dans leurs veines. Depuis un siècle et un quart que nous sommes une nation, il est venu beaucoup plus d'immigrants d'Allemagne, d'Irlande, et probablement de Scandinavie, qu'il n'en est venu d'Angleterre. Nous avons le droit de leur demander, à eux et à leurs fils, qu'ils deviennent des Américains et rien d'autre ; mais nous ne devons pas exiger qu'ils soient des Anglais transplantés. Moi-même, je le proclame, je ne suis pas un Anglais transplanté. Je suis uniquement un citoyen des États-Unis.

« Dans les affaires internationales nous devons traiter chaque nation d'après sa conduite, et tenir compte du fait qu'une proportion plus ou moins grande de son sang coule dans les veines de nos propres citoyens. J'ai pris parti pour la Belgique publiquement et sans restrictions, et je voudrais que les États-Unis en fassent autant, parce que j'estime que tel est notre devoir, et que la conduite de l'Allemagne à l'égard de la Belgique exige qu'en cette affaire nous nous rangions du côté des opprimés pour leur faire rendre justice. J'ai publiquement approuvé l'Angleterre en raison de son attitude vis-à-vis de la Belgique ; oui, je l'ai publiquement approuvée lorsqu'elle a cru devoir défendre la Belgique, même au prix d'une guerre. Mais cela ne prouve pas que je sois partisan de se « tendre les mains par-dessus les mers », en signe d'alliance, avec l'Angleterre. Je n'ai jamais usé d'une telle expression, en temps de guerre ou en temps de paix et je ne l'admets que si elle indique une amitié cordiale, nous unissant à une autre nation dont les actes s'accordent avec notre conception de la justice et du droit. »

CHAPITRE VI

LA PAIX ASSURÉE PAR LA PRÉPARATION
A LA GUERRE

Les six premiers versets du XXXIIIe chapitre du grand prophète Ezéchiel sont les suivants :

1° Le Seigneur me parla encore, disant :

2° Fils de l'homme, parle aux enfants de ton peuple et tu leur diras : Lorsque j'aurai amené l'épée sur une terre, et que le peuple de cette terre, prenant un des derniers d'entre eux, l'aura établi pour lui servir de sentinelle ;

3° Et que cet homme, voyant venir l'épée sur cette terre, aura sonné de la trompette et averti le peuple ;

4° Si, celui qui a entendu le son de la trompette ne se garde pas, et que l'épée vienne, l'emporte et le tue, quel que soit cet homme, son sang retombera sur sa tête ;

5° Il a entendu le son de la trompette et il ne

s'est pas gardé : son sang retombera sur lui ; mais s'il se garde, il sauvera sa propre vie.

6° Mais si la sentinelle voyant venir le glaive ne sonne pas de la trompette et que le peuple ne se garde point, que le glaive vienne et qu'à l'un d'eux il ôte la vie, celui-ci sera surpris dans son iniquité, mais je redemanderai son sang à la sentinelle.

Je recommande chaudement ces versets aux pieuses réflexions de tous ceux qui font partie des grands cabinets politiques, qu'ils soient Présidents, Secrétaires d'États, ou Leaders du Sénat et de la Chambre de Washington ; je les recommande à tous les directeurs et directrices de collèges, aux clergymen, aux éditeurs, aux publicistes à tendances pacifiques, et surtout aux âmes parfois bien pensantes qui fréquentent assidûment les meetings pour la paix univer-selle et le désarmement.

Cinq ans ont passé depuis que le Mexique, qui ne s'était pas préparé à une guerre étrangère, fut jeté dans une violente guerre civile, accom-pagnée de circonstances telles que le devoir d'agir s'imposait à nous, devoir que d'ailleurs depuis cinq ans, nous aussi, nous avons assi-

dument négligé de remplir d'une façon efficace. Dix-huit mois ont passé depuis que la
guerre mondiale, qui a son centre en Europe,
éclata, avec, comme premier résultat, la hideuse
destruction de la Belgique, coupable seulement
de ne s'être pas préparée à la guerre comme la
Suisse l'avait fait. Les États-Unis, conformé-
ment au traité de la Haye, avaient assumé certaines obligations envers la Belgique et envers
les autres nations, soit neutres soit belligérantes. Avec une timidité criminelle, nous
avons omis de remplir ces devoirs. Nous avons
négligé également de maintenir, d'une façon
efficace, les droits de notre propre peuple alors
même que nos hommes, nos femmes, et nos
enfants étaient massacrés sur l'Océan. Notre
conduite au cours de la grande guerre mondiale, et notre apathie au Mexique, nous ont
valu, et à juste titre, le mépris de toutes les
nations. Mais, chose encore plus grave, même
après la leçon de l'année dernière, leçon écrite
en lettres de sang et de feu devant nos yeux :
nous n'avons rien fait pour nous protéger
nous-mêmes de telles horreurs.

Le peuple américain est responsable du sen-

timent public qui a permis l'attitude indigne
de nos représentants gouvernementaux. La propagande pour la paix durant les dix dernières
années est devenue de plus en plus bruyante.
Elle a pris une extension énorme il y a cinq ans,
au moment de la négociation des traités de paix
à n'importe quel prix ou des traités d'arbitrage,
et l'année dernière, lors de la ratification de ces
stupides traités conclus par la commission pour la
paix à n'importe quel prix. Cet élan pacifiste a
influé sur notre politique gouvernementale nationale. A la lettre, il est vrai de dire que la propagande pour la paix à n'importe quel prix a très
probablement, au total, fait plus de tort aux
États-Unis que toutes les sottises accumulées
dans les affaires et en politique pendant la même
période. C'est une preuve nouvelle et toute
positive de la dégradation du caractère américain. Des millions d'Américains qui n'ont pas
eu l'occasion de connaître les faits ou d'y
réfléchir ont été tristement trompés. Ils ne
sont pas à blâmer, mais les leaders et les
organisateurs du mouvement pacifiste, ses avo-
cats et ses apologistes dans les réunions, en
chaire, et dans la presse, voilà les grands cou-

pables ! Des clergymen foncièrement bons et de sentiments nobles, capables de prévoir l'avenir et assez courageux pour s'exposer à être mal compris, ont combattu énergiquement l'odieuse croyance qui place la paix avant le bon droit. Mais tous les démagogues se sont ralliés au cri de la paix à tout prix.

Parmi ceux qui ont soutenu la cause des pacifistes professionnels, il est en qui sont animés de bons sentiments. On peut en dire autant de quelques-uns des Tories, dans notre grande Révolution et des Copperheads dans la guerre de Sécession. Mais il n'en est pas moins certain que dans le cas présent, aussi bien que dans le cas des Copperheads et des Tories, la somme de ces activités mal employées était purement désastreuse et nuisait à l'Amérique, ainsi qu'à la cause de la justice et du droit international. Wilkes Booth était un honnête homme. Lorsqu'il assassina Lincoln, il était sans aucun doute sincère, en croyant faire un acte de justice ; et il lui fallait beaucoup de courage pour accomplir ce crime. Évidemment, Wilkes Booth n'en fit pas moins un acte pire que ceux des politiciens ou des hommes d'affaires les plus corrompus de son temps: De même, qu'il soit sincère ou non, celui qui prêche la paix à n'importe quel prix, la non résistance au mal et le désarmement, est plus nuisible à ses compatriotes que n'importe quel agent d'affaires véreux.

Déifier la paix, sans se préoccuper de la sagesse ou de la justice, ce n'est pas une vertu : c'est une forme particulièrement basse et ignoble du mal. Dès lors, il est préjudiciable à la moralité internationale qu'un individu quelconque prenne part à ces mouvements de paix universelle à n'importe quel prix. Un mouvement juste en lui-même peut être un faux mouvement, s'il est accompli au mauvais moment. Des projets de paix mondiale, même s'ils étaient basés sur le bon droit, sont inopportuns en ce moment.

Il est des devoirs beaucoup plus pressants et immédiats. D'abord et avant tout, les États-Unis doivent se préparer sérieusement à la guerre, se montrer capables de maintenir leurs droits et de faire sentir leur force dans le monde. Ensuite, ils doivent abandonner la politique de poltronnerie — que nous avons pratiquée dans l'affaire du *Lusitania* et au Mexique — et la politique qui consiste à faire à la légère des promesses qui ne peuvent et ne doivent pas être tenues, politique que nous avons pratiquée depuis cinq ans dans les traités d'arbitrage, et, par-dessus tout, dans les stupides traités négociés par le gouvernement actuel. N'oublions pas qu'en principe ces traités furent promptement répudiés par le Président même qui les avait négociés, dès que M. Bryan demanda que le principe fût appliqué, d'une manière concrète, au cas du *Lusitania*.

Lorsque nous serons assez prêts pour tenir nos promesses, lorsque nous aurons montré que nous avons le moyen et la volonté de tenir nos promesses, alors, et alors seulement, nous pourrons songer à établir avec dignité et efficacité, d'accord avec le reste du monde, des garanties sérieuses pour la paix et la justice. Un tel accord doit spécifier que certains droits nationaux ne peuvent jamais être soumis à l'arbitrage, parce que les nations ont le droit d'être protégées dans l'exercice de ces droits ; que d'autres questions peuvent être discutées ; que toutes les nations doivent s'employer à empêcher qu'une nation fasse le mal au détriment d'une autre. Mettre la paix au-dessus de la justice est un crime. Parler de paix, sans se préparer à agir, c'est une stupidité.

Mais tout ceci est pour l'avenir, et c'est battre l'air que d'en parler pour le moment. « Ephraïm se nourrissait de vent, » et le vent n'est pas une nourriture substantielle. Une nation qui est « trop fière pour se battre » est une nation qui est certaine d'être battue ; car chacun sait que parler d'une « fierté » de ce genre, c'est donner un beau nom à une lâcheté abjecte. Un pays, incapable de soutenir ses propres droits, qui, pendant cinq ans, a refusé de faire son devoir au Mexique et qui maintenant veut empêcher d'autres nations de faire le leur, un pays qui, sans le plus petit mot de protestation, a vu le traité de la Haye, qu'il avait signé, déchiré en morceaux et jeté au vent, qui a vu sans rien dire ses bateaux coulés, ses hommes, ses femmes et ses enfants assassinés sur mer, ce pays-là n'est pas en mesure d'aider la cause de la paix ou de la justice : il ne ferait qu'exciter la moquerie s'il proposait, en ce moment, la création d'une Ligue mondiale en faveur de la paix.

Les six grandes puissances européennes ont envoyé, par millions, les meilleurs de leurs hommes mourir pour défendre ce que Dieu leur a donné de regarder comme juste. Toute la fleur de leur jeunesse est au front. Certains d'entre eux se battent pour le bien, d'autres pour le mal; mais tous combattent pour ce qu'ils croient être juste, et tous font preuve de qualités splendides et héroïques. Nous ne soulevons que la dérision, lorsque, dans de telles circonstances, nous permettons à une foule stupide de bavarder au nom de l'Amérique sur une espèce de paix que les hommes courageux et les femmes d'un noble esprit dédaigneront toujours. Le devoir pressant de l'Amérique, en ce moment, est double. Premièrement, nous devons prévenir un désastre, en comprenant enfin que notre puissance militaire est à peu près nulle, et en nous préparant. Deuxièmement, nous devons sérieusement, loyalement, et une fois pour toutes, abandonner une habitude à la fois nuisible et stupide : l'habitude de croire que les mots suffisent par eux-mêmes, et n'ont aucun rapport avec les actes ; par suite nous devons, dès maintenant, refuser de signer des traités qui ne peuvent être et ne seront pas mis en pratique au moment voulu.

En ce qui concerne les promesses et leur exécution, nous, Américains, devons perdre l'habitude de chercher, lorsque, mis au pied du mur nous agissons mal, à sauvegarder notre vanité en recourant à de belles phrases pour nous excuser de l'effort qui devrait être fait, et pour nous justifier nous-mêmes tout en évitant le risque que nous devrions accepter.

Parmi ceux qui sont contre la préparation à la guerre et croient pouvoir éviter le devoir national, il en est de sincères dans leurs convictions et qui peuvent ne pas être lâches ou faibles, mais seulement inintelligents et abusés ; il y a des millions de gens braves et raisonnables qui, simplement, n'ont pas réfléchi du tout et sont trompés par les dirigeants. Quant aux dirigeants eux-mêmes, il est impossible de les juger aussi charitablement, pour la plupart. La caractéristique essentielle de ces partisans de la paix à n'importe quel prix est une timidité, morale ou physique, indiscutable. La plupart des leaders, parmi ceux qui protestent contre la préparation et s'opposent à toute

action énergique tendant à faire respecter la
convention de La Haye ou à sauvegarder la vie
et la propriété de nos citoyens au Mexique et
sur mer, se laissent facilement intimider par
une démonstration quelconque de force inhumaine et brutale : jamais ils ne s'aventurent à
condamner les malfaiteurs qui savent se faire
craindre. Ainsi les pacifistes professionnels en
viennent à s'allier aux plus cyniques des malfaiteurs internationaux.

C'est ce que démontre l'attitude de ceux qui
ont crié le plus fort en faveur de la paix, durant
ces derniers dix-huit mois, l'attitude de ceux
qui, durant cette même période, ont adhéré
aux conférences pour la paix, aux voyages pour
la paix. C'était demander une paix qui, non
seulement, ne tiendrait aucun compte du bon
droit, mais assurerait le triomphe de l'injustice.
Ils ne se sont pas hasardés à protester une seule
fois contre un acte concret de violence ; ils
n'ont pas osé élever la voix pour dénoncer
l'iniquité allemande en Belgique, le crime le
plus hideux qui ait été commis depuis plus d'un
siècle. Quelques-unes des femmes pacifistes
étaient alors sur le continent, et elles ne com-

prenaient pas qu'elles contribuaient à se faire mépriser et à faire mépriser leur pays en réclamant une paix sans justice au moment même où était coulé le *Lusitania*.

A cette date, des femmes et des enfants américains étaient massacrés en mer ; à cette date des femmes et des enfants belges, des femmes et des enfants français subissaient les pires violences ; des femmes et des enfants anglais, dans des villes ouvertes, étaient tués par des bombes de dirigeables et d'aéroplanes allemands ; et nos propres femmes, au Mexique, étaient soumises à des infamies sans nom. Et ces aimables partisans de la paix n'avaient pas un mot de sympathie pour ceux qui subissaient d'épouvantables tortures ! Tout ce qu'ils firent fut de débiter des platitudes stupides, qui encourageaient les criminels et qui, dans la mesure où elles pouvaient avoir un effet quelconque, confondaient le bien et le mal, ou même favorisaient le mal en démontrant que, par le succès, on échapperait à toute condamnation. Il n'est pas d'attitude morale plus vile qu'une neutralité égoïste entre le bien et le mal.

Une telle attitude est folie, souvent même

elle est lâcheté, et toujours injustice. La propagande pour la paix faite en Amérique depuis dix ans n'a produit absolument rien de bon. Cette agitation des pacifistes professionnels, pendant ce laps de temps, n'a contribué en aucune façon à préparer une paix basée sur la justice. Elle n'a fait qu'amener une dégradation considérable du caractère américain. Je ne pense pas que cette dégradation soit permanente, je crois que nous reprendrons le dessus, que nous rougirons sincèrement de notre manque de décision. Mais il y a eu une dégénérescence marquée du sentiment moral de notre peuple ; et cette dégénérescence a sa cause dans la propagande pour la paix, véritable épidémie de lâcheté morale et de mensonge sentimental.

Pas une fois sur mille il n'est possible d'arriver à un résultat important sans travail, sans effort, sans la volonté de courir des risques. Chercher à persuader notre peuple qu'il est inutile d'agir, passer des traités sans avoir l'intention de s'y conformer, écrire des messages éloquents et des articles vides de sens, applaudir complaisamment à des discours creux, c'est

non seulement ne rendre aucun service, mais
affaiblir notre caractère national. Cela s'adresse
aux publicistes et aux politiciens qui écrivent
des messages ou des articles, et font des discours de cette espèce; cela s'adresse aux directeurs de journaux et aux écrivains des Revues
qui applaudissent à ce verbiage; et avant tout
cela s'adresse à ceux d'entre nous qui préconisent des traités dont ils ne peuvent ni ne
veulent assurer l'exécution.

Ne proposons aucun traité avant de l'avoir
ramené à des termes concrets, avant de l'avoir
soumis à nos concitoyens dans ces termes concrets, avant d'avoir alors examiné s'il peut et
doit être exécuté. Prenons quelques exemples.
Le mouvement ultra-pacifiste, le mouvement
pour la paix à n'importe quel prix a été, en
apparence, aussi fort sur les côtes du Pacifique
que sur celles de l'Atlantique. Les congressistes
et les journalistes ont fait des conférences
ou écrit des articles pour prêcher le désarmement, ils ont demandé des traités qui per-
mettraient aux États-Unis d'arbitrer n'importe quoi. Des gens honorables, des gens à
courte vue ont encouragé les élèves des écoles

à discuter gravement de telles questions.

Eh bien ! mettons ces congressistes et ces journalistes en face des faits, et qu'ils soient francs et loyaux ! Lorsqu'ils applaudissent à ces traités d'arbitrage signés par le Gouvernement, faut-il en déduire qu'ils désirent nommer une Commission pour discuter indéfiniment sans agir, même dans le cas où le Japon prendrait la baie de la Magdelena, où les Allemands s'empareraient de Saint-Thomas ? Veulent-ils, quand des Américaines sont violées au Mexique, des Américains tués sur notre propre territoire, quand le drapeau américain est insulté et déshonoré, veulent-ils que nous nommions une Commission qui discutera pendant un an sans agir ? Veulent-ils que si un sous-marin français ou anglais, imitant les Allemands, coule un bateau rempli de non-combattants et cause la mort de femmes et d'enfants américains, nous nommions une commission pour pérorer pendant un an, après nous être engagés à n'agir en aucune façon avant que ce laps de temps soit écoulé ?

Si tel est leur avis, si notre peuple pense comme eux, qu'ils le disent franchement. A mon point de vue, une telle action serait une inconcevable lâcheté.

Des journalistes et des écrivains du versant du Pacifique ont applaudi à cette idée des propagandistes de la paix à tout prix, proposant de nous engager à soumettre à l'arbitrage toutes les questions, y compris celles de l'honneur national et de l'intérêt vital de la nation. Le mouvement s'est étendu jusqu'en Californie. Les hommes qui patronnent ce mouvement pour la paix en Californie, en Orégon, et à Washington entendent-ils que nous soumettions à l'arbitrage de l'étranger la question de savoir si, oui ou non, il y aura sur nos côtes une immigration illimitée d'Asiatiques? Veulent-ils qu'un tribunal composé de juges venus du Japon, du Siam, de la Chine, du Vénézuéla, de la Colombie et de l'Équateur aussi bien que des puissances européennes, décide si, oui ou non, nous avons le droit de faire un choix parmi les émigrants désireux de s'établir chez nous?

Le Californien qui n'admet pas l'arbitrage dans cette question, lorsqu'il s'agit de l'immigration des Asiatiques en Californie, fait preuve de la plus coupable mauvaise foi lorsqu'il soutient ou même s'abstient de condamner une proposition toute pareille en votant pour les traités de la Commission de la paix récemment signés par le Gouvernement actuel, et tous les traités d'arbitrage général proposés par le Gouvernement précédent.

Tout ceci se rapporte au mouvement inauguré en faveur « d'une ligue mondiale pour la paix », dont les décrets devront être soutenus par la force. Avant de constituer une ligue de ce genre pour l'avenir, sachons tenir en ce moment les engagements que nous avons pris à la Convention de La Haye, et, sans délai, protestons en faveur de la Belgique ! Si nous ne consentons pas à affronter un léger risque en tenant la promesse que nous avons faite, alors, pour l'amour du ciel, évitons du moins cette hypocrisie de proposer une nouvelle ligue mondiale qui nous mettrait dans l'obligation d'envoyer nos armées contre les grandes puissances militaires qui refuseraient de se soumettre aux décisions d'une Cour arbitrale ! Surtout ne faisons pas cette folie de promouvoir un tel arrangement avant le jour où notre force navale et militaire nous permettra de parler avec autorité, en cas de conflit avec les grandes puissances militaires en matières internationales. Ne faisons pas des rêves enfantins ! Ne nous lions pas à la légère par de nouvelles et graves promesses jusqu'à ce que nous consentions à mettre nos actes d'accord avec des engagements pris auparavant et non exécutés ; jusqu'à ce que nous consentions à demander à notre Gouvernement de se conformer au traité de La Haye, et, avant tout, de défendre nos droits.

Si ces partisans enthousiastes de la paix, qui, l'an passé, ont tant parlé et crié, ont eu peur de protester de façon concrète contre le mal, c'est tout simplement parce qu'ils avaient peur. Ils ont eu peur surtout de l'Allemagne. Ceux d'entre eux qui sont des hommes politiques ont peur du vote des Germano-Américains, car ces pacifistes professionnels n'ont aucun sens de l'honneur national. De plus, ils sont terrorisés par l'esprit barbare du militarisme allemand. Le *Lokal-Anzeiger* de Berlin s'exprimait en ces termes après la perte du *Lusitania* : « Nous ne désirons pas gagner la sympathie des Américains, mais nous voulons être respectés par eux. La perte du *Lusitania* a fait davantage pour

nous assurer ce respect que cent batailles victorieuses. »

Naturellement, lorsque le *Lokal Anzeiger* parle
d'inspirer aux Américains « le respect »,
il veut dire en réalité qu'il désire inspirer la
crainte. Le meurtre de femmes et d'enfants
n'inspire pas le respect ; mais malheureusement,
il peut amener la peur ; et, de fait, je crois que
les pacifistes ont eu peur. Il ne manque pas
d'Américains qui admirent comme moi la puissance industrielle et militaire de l'Allemagne,
l'énergie avec laquelle le gouvernement allemand a subordonné l'entière activité sociale et
industrielle de l'État aux nécessités de la guerre,
qui admirent le peuple allemand, et considèrent
le sang allemand comme l'un des plus forts et
des meilleurs entre tous ceux qui se mélangent
dans les veines des Américains. Malgré cela
ils pensent, comme moi, que le gouvernement
allemand, la classe dirigeante allemande, a,
dans cette guerre, montré une telle inhumanité
et un tel dédain insolent pour le droit des
autres, qu'il était nécessaire que nous agissions
avec résolution. Malheureusement cette force
sans pitié et brutale a, chez des hommes du

type des pacifistes, atteint précisément le but qu'elle se proposait : elle leur a fait peur.

Dans son programme, l'Allemagne a tenu compte de l'effet certain de la terreur sur toutes les âmes naturellement craintives. C'est surtout pour terroriser qu'elle a torpillé le *Lusitania*; et, semblablement, c'est pour terroriser qu'elle a adopté l'emploi, dans les tranchées, de gaz empoisonnés, pratique aussi criminelle que l'empoisonnement des sources et les tortures infligées aux prisonniers de guerre. Or, il se trouve que ces pratiques tendant à fasciner par la terreur n'ont pas atteint leur but en ce qui concerne les combattants : Anglais, Français, Belges, Russes, Italiens et Serbes. Mais en d'autres pays elles ont positivement réussi. Je ne crois pas, en vérité, que de semblables essais d'intimidation influeraient le moins du monde sur la masse de nos compatriotes des États-Unis si notre nation pouvait être amenée à prendre clairement conscience de ce qui s'est passé en Europe depuis dix-huit mois. Mais on ne saurait contester que ces brutalités ont agi très profondément sur la partie, spécialement bruyante, de notre nation qui ne cesse point

de nous parler de la paix à tout prix. Ceux que
nous entendons se féliciter de ce que les États-
Unis aient eu l'heureuse chance d'éviter la
guerre avec le Mexique ou avec l'Allemagne ;
ceux qui disent que nous aurions tort d'agir à
propos du *Lusitania ;* ceux qui déclarent que
nous aurions été insensés d'intervenir en faveur
de la Belgique, comptent parmi eux une foule
de couards qui ont été terrorisés par les crimes
allemands. Tout récemment encore, dans certains cercles de notre Société, un grand succès
de popularité a accueilli l'apparition d'un chant
intitulé : « Je n'ai pas élevé mon fils pour qu'il
devienne un soldat ! » Ce chant ne devrait
jamais être chanté qu'en compagnie d'un autre,
— son « pendant » naturel, — qui s'appellerait :
« Je n'ai pas élevé ma fille pour qu'un jour elle
soit mère ! » Et pourtant cet hymne en l'honneur
de la lâcheté a été couvert d'applaudissements
dans nos cafés concerts, et même dans maintes
écoles de notre pays. Représentez-vous un chant
comme celui-là entonné devant les mères, les
sœurs et les femmes des Américains qui ont
jadis combattu sous Washington, ou bien de
ceux qui, plus tard, ont combattu dans la Guerre

Civile, sous les ordres de Grant aussi bien que sous ceux de Lee! Comment s'étonner que ceux d'entre nous qui applaudissent un chant de cette espèce se soient facilement laissé épouvanter par l'odieux terrorisme des pratiques allemandes ?

Le torpillage du *Lusitania*, la destruction de Louvain, l'exécution des Belges qui se ralliaient à la défense de leur drapeau, tout comme les hommes de Lexington et de Bunker Hill se rallièrent à la défense du leur, l'inhumanité dont firent preuve les exploiteurs de la population civile du Nord de la France et de la Belgique, la cruauté la plus sauvage à l'égard non seulement des hommes, mais aussi des femmes et des enfants, tout cela a, sans nul doute, effrayé et terrorisé la moyenne des pacifistes américains, la moyenne des partisans de la paix à n'importe quel prix, et aussi les tristes individus qui chantent : « Je n'ai pas élevé mon fils pour en faire un soldat! » Tout cela a terrorisé le type d'homme qui fait des conférences et écrit des éditoriaux, des articles de journaux ou de magazines au profit du désarmement et de l'arbitrage universel au détriment de la doctrine de Monroe. Il y a des Drs Jekyll et des M. Hyde dans les nations comme parmi les individus, et le terrorisme absolu se trouve souvent travailler de concert avec ce pacifisme international flasque et timide, qui resté décidé à ne pas faire son devoir et à déifier dans sa forme la plus brutale le militarisme victorieux.

Mme Wharton m'a envoyé un poème allemand sur le *Lusitania*. Ce torpillage du *Lusitania* est une manifestation d'une politique de sang et de fer que devraient méditer attentivement ceux qui, d'une voix apeurée, veulent que nous nous soumettions à de tels moyens d'intimidation. Qu'on se souvienne, en outre, que, s'il est infâme d'agir ainsi, il est plus infâme encore de s'y soumettre. Une politique édulcorée est pire qu'une politique de fer et de sang. Noyer des centaines d'Américains hommes, femmes et enfants sur le *Lusitania*, en d'autres termes les assassiner, c'est chose abominable; mais rien n'est plus méprisable que de se satisfaire de notes gouvernementales, de protestations écrites en anglais élégant, et de vagues menaces qui ne seront pas mises à exécution. Supposez qu'un homme défende à un autre de souffleter le visage de sa femme : si l'autre le fait, le Monsieur qui a donné l'avertissement ne fait pas son devoir s'il se contente, pour toute sanction, de paroles vaines.

M. Bryan résigne ses hautes fonctions dans le Cabinet américain, et immédiatement il prend la parole dans un important meeting d'Allemands, où il est particulièrement bien reçu : bruyamment on applaudit en lui un serviteur fidèle du gouvernement allemand actuel, un homme qui, malgré ses bonnes intentions, n'en a pas moins agi dans les circonstances actuelles contre l'honneur et les intérêts de l'Amérique. Si M. Bryan était Allemand, son gouvernement ne lui aurait pas permis un seul instant de faire, contre l'Allemagne, un discours semblable à celui qu'il a prononcé contre nous et contre sa propre patrie. Le succès de la politique allemande, politique de fer et de sang, dépend de la politique édulcorée adoptée par ses rivaux et par ses adversaires. L'homme de fer et de sang d'un pays trouve, dans le timide et le peureux d'une autre nation, l'homme prédestiné de tout temps à être son allié et son instrument.

Beaucoup parmi nous — surtout les ultra-pacifistes — se sont vivement opposés à une action de notre pays en faveur de la Belgique, sous prétexte que, comme nation, notre intention n'était point d'être entraînés dans « des alliances compliquées » en Europe. Et maintenant ces mêmes personnes prêchent pour que nous formions une ligue afin d'assurer les résultats d'un arbitrage universel, ce qui naturellement nous engagerait, plus que jamais, dans des alliances étrangères. La participation à une telle ligue implique la promesse de soutenir une guerre offensive en faveur des autres, bien que beaucoup d'entre les partisans d'un accord semblable soient opposés à la politique, pourtant très modérée, qui consisterait à nous tenir prêts à protéger nos propres droits dans une guerre défensive. Il est inutile de nous engager en faveur d'un mouvement pour la paix du monde jusqu'à ce que nous ayons l'intention de tenir nos engagements. La première chose à faire en pareille matière, c'est d'être fidèles aux promesses déjà faites, et de ne pas essayer de les éluder sous prétexte que les remplir serait abandonner notre « politique opposée à des alliances étrangères ».

Cette attitude des ultra-pacifistes prouve, une fois de plus, la nécessité de renoncer à prêcher pour la paix universelle avant d'avoir songé à faire face à des besoins vitaux et immédiats. Il est absolument hors de propos de demander que nous entrions dans une semblable ligue tant que nous ne serons pas militairement préparés à rendre notre action effective, et sérieusement résolus à tenir nos promesses. En ce moment, toute l'agitation produite par la création de cette ligue n'est qu'une occasion merveilleuse pour les personnes qui ont besoin de parler et de ne rien faire. Elle leur permet de se dérober à l'accomplissement d'un devoir immédiat grâce à des paroles sonores, mais vides. Dans mon livre *L'Amérique et la guerre mondiale*, j'ai esquissé le seul plan possible et exécutable pour assurer la paix du monde. Mais c'est perdre son temps que de parler d'un semblable plan jusqu'à ce que nous ayons adopté et réalisé une politique de préparation nationale militaire, et pris la peine de chercher ce que traités ou promesses veulent dire.

Adhérer à une ligue pour la paix voudrait

dire en effet que nous promettons, sous certaines conditions, d'entreprendre une guerre
offensive, dans l'intérêt des autres. Il serait gro-
tesque de faire une telle promesse avant d'avoir
montré que nous sommes capables d'entreprendre une guerre offensive dans notre propre
intérêt.

En 1814, il y a un peu plus d'un siècle, au
cours de la guerre de 1812, une petite armée
anglaise débarqua dans Chesapeake Bay. Elle fut
victorieuse d'une armée deux fois plus nombreuse
et composée « d'Américains nés libres », mais
sans entraînement ni discipline, qui « avaient
sauté sur des armes », suivant l'expression
de M. Bryan, et qui étaient devenus « une armée embourgeoisée », selon le mot de M. Wilson. L'armée anglaise brûla les monuments
publics à Washington. « L'armée embourgeoisée », cette armée sur laquelle le président Wilson compte pour se dispenser de toute préparation militaire en vue de la guerre mondiale et
de la situation au Mexique, s'enfuit avec un tel
ensemble et une telle rapidité qu'une vingtaine
d'hommes à peine périrent. Là-dessus, ceux qui
restaient, de concert avec les journalistes amé-

ricains, avec les hommes politiques qui, depuis
des années, étaient partisans de la paix et
criaient bien haut qu'il n'y avait pas besoin de
préparer la guerre, loin d'exprimer la honte de
leur cœur et de se repentir devinrent fous de
rage, et, en paroles bien entendu, attaquèrent
l'armée ennemie pour avoir brûlé Washington.
L'armée anglaise d'il y a un siècle fut aussi in-
différente à ces protestations que les maîtres de
la guerre en Allemagne le sont aujourd'hui à
notre bavardage au sujet du *Lusitania*, aux « ré-
solutions » de nos sociétés pour la paix, aux
fanfaronnades de nos orateurs politiques le
4 juillet. Une telle indifférence était et demeure
entièrement justifiable. Certes, ce n'était pas
un beau geste d'incendier les bâtiments publics
de Washington ; mais il est infiniment plus
triste, pour ce pays, qu'après deux ans de guerre
il soit tout à fait incapable de protéger sa capi-
tale. Certes, tuer nos femmes et nos enfants
sur le *Lusitania* n'était pas un bel exploit ;
mais ne pas prendre une décision immédiate
pour éviter le renouvellement de ces crimes
est une lâcheté plus grande. Si, du reste, nous
avions agi pour le *Gulflight*, quelques jours

avant, le *Lusitania* n'aurait jamais été coulé.

Tout homme d'intelligence saine méprise un lâche dans la vie privée. La lâcheté est un défaut impardonnable chez un homme. Un être corrompu peut être régénéré. Plus d'un, soit en politique, soit dans les affaires, s'est, au cours de ces dernières années, amendé pour devenir un citoyen de premier ordre. De même un lâche capable de comprendre que la lâcheté est un péché impardonnable peut s'entraîner d'abord à agir comme un honnête homme, puis arriver à penser en honnête homme. Mais le lâche qui excuse sa lâcheté, qui y persévère, qui n'a pas conscience de sa propre infamie, n'offre aucune chance de guérison. Or les partisans de la paix à n'importe quel prix, de l'arbitrage universel, la plupart des hommes et des femmes qui ont pris la direction du mouvement pacifiste dans ce pays durant les cinq ou dix dernières années, prêchent la lâcheté internationale.

Quelquefois ils la prêchent directement; d'autres fois, ils encouragent une mollesse morale et physique qui engendre inévitablement la lâcheté. Il est terrible de penser qu'en cas de guerre des braves gens auront à verser leur sang, mais il est plus terrible encore de penser que c'est au prix de ce sang que les faibles assureront leur propre sûreté. Répandre de telles doctrines, c'est faire acte de mauvais citoyen. Les plus dangereux d'entre eux, naturellement, sont les professeurs des collèges : ils ont fait beaucoup de mal et peuvent en faire davantage encore. Les jeunes gens qui adoptent les vues des pacifistes professionnels, organisent des ligues pour la paix, et prêchent les doctrines de la lâcheté internationale, sont incapables d'embrasser aucune carrière virile : qu'ils se fassent « bonnes d'enfants » ! Un pacifiste professionnel, s'il est un homme fait, n'a rien de bien noble; mais un collégien qui, délibérément, choisit d'être un lâche mérite d'être renvoyé à la nursery pour y être fouetté.

Il est regrettable que nous ne sachions pas apprendre l'histoire. — Si Washington ou ceux qui ont soutenu la politique de Washington avaient été au pouvoir durant les quinze premières années du XIXᵉ siècle, il n'y aurait sans doute pas eu de guerre avec l'Angleterre en 1812; et, dans le cas où la guerre eût éclaté, nous aurions été complètement victorieux.

Mais le grand adversaire de l'idéal de Washington, Thomas Jefferson, inspira la politique gouvernementale pendant cette période. Sa « passion », disait-il « était la paix » ; cette expression n'était pas tout à fait aussi forte que la fameuse phrase : « cette nation est trop fière pour combattre » ; mais elle était suffisamment nuisible. Le même congrès qui déclara la guerre à l'Angleterre refusa d'augmenter la puissance de notre marine. Cependant, si, à ce moment-là, nous avions eu une vingtaine de navires de guerre, avec 20.000 marins pour les équiper, la guerre n'aurait pas eu lieu, ou, tout au moins, elle aurait fini par une victoire éclatante, l'été même où elle avait commencé.

Au lieu de cela, nos pères de 1814 se fièrent à « l'armée embourgeoisée » dont parle M. Wilson, aux efforts du « million d'hommes qui s'élanceront sur les armes entre l'aube et le coucher du soleil », comme M. Bryan l'a dit dans son discours. Ils se fièrent aux quelques frégates construites par les hommes de l'école de Washington, avant l'arrivée des Jeffersoniens au pouvoir. Elles firent convenablement leur devoir, et, sans elles, il aurait pu se faire que notre pays succombât sous la honte de nos défaites sur terre. Mais nous n'en fûmes pas moins incapables, pendant deux ans, de faire quoi que ce soit d'effectif. Lorsque la guerre commença, il était trop tard pour nous préparer efficacement, et, d'ailleurs, nous n'essayâmes même pas. Nous levâmes un corps de plus de 100.000 miliciens, d'après le système du service volontaire. Ils furent parqués dans des camps où ils tombèrent malades. Mais il nous fut impossible de les faire combattre l'ennemi, sauf en une ou deux occasions, à Bladensburg, par exemple ; et c'était cependant des gens braves. Ceux qui attaquèrent à Bladensburg étaient les fils des combattants de Yorktown, les pères de ceux de Gettysburg. Il leur manquait seulement d'avoir été préparés à l'avance par un long entraînement pratiqué en plein air, et non dans une salle d'armes ou dans un gymnase.

Mais la guerre de 1812 ne fut pas une victoire pour nous. Tout au plus peut-on l'appeler un risque évité. Ce fut une guerre propre à nous discréditer. Certains officiers et quelques milliers d'hommes, pas plus de 10.000, qui ser-

virent sous leurs ordres, se conduisirent bien.
Il faut en dire autant des officiers et des équi-
pages de notre pauvre marine. Ces hommes et
quelques rares autres méritèrent les plus grands
honneurs. Nous leur devons beaucoup aujour-
d'hui. C'est uniquement grâce à eux que l'Amérique peut penser sans honte à la guerre de
1812. Mais la masse de notre peuple et les politiciens, y compris le Président, qui représen-
tèrent le peuple, firent triste figure dans ce conflit. A cause d'eux l'Union fut bien près de se
briser. Si on enseignait correctement l'histoire,
ces faits seraient relatés dans nos écoles, et les
pacifistes, les partisans de la paix à n'importe
quel prix, tous ceux qui éludent la préparation
et se contentent de prôner comme moyen de
salut une « morale » sans consistance n'auraient
pas le champ libre comme ils l'ont en ce moment.

Les hommes ne peuvent et ne veulent pas
combattre comme il le faut, à moins d'être phy-
siquement préparés; et ils ne peuvent et ne
veulent pas combattre si, depuis des générations, ils se rendent laborieusement impro-
pres à le faire, en affaiblissant chez eux le res-
sort moral. La Chine en est le plus grand

exemple, un exemple vivant et contemporain.
M. Bryan annonçait récemment qu'à la place de
la guerre, qu'il considérait comme une chose
« usée », il voulait essayer de « la persuasion ».
Évidemment il s'imaginait que la persuasion
était quelque chose de nouveau dans les annales
de l'histoire. Que M. Bryan et ses amis pacifistes
lisent l'histoire, ou s'ils ne veulent pas la lire,
qu'ils regardent autour d'eux les affaires con-
temporaines ! Il n'est rien de plus faux que de
dire : « la guerre ne règle rien ». Elle a établi
l'indépendance de ce pays-ci, elle a tranché la
question de l'Union, et elle a résolu la question
de l'esclavage. Les pacifistes prétendent parler
dans l'intérêt de la moralité. Il est triste pour
des moralistes professionnels d'appuyer leur
thèse sur une chose fausse, qu'ils savent être
une chose fausse. Nombre de grands événements historiques ont été déterminés par la
guerre. La plupart des progrès de l'humanité
sont dus à des guerres victorieuses, faites en
vue de sauvegarder le bon droit.

Si le christianisme ne règne pas en Asie et
en Afrique en ce moment, ce n'est pas uniquement parce que les chrétiens d'Asie et

d'Afrique au vıı^e siècle étaient divisés par de
profondes animosités de sectes et négligeaient
de se préparer à combattre, tandis que les
Musulmans étaient des guerriers. Si le christianisme fut sauvé en Europe, c'est uniquement
parce que les peuples européens surent combattre. Si les peuples d'Europe au vıı^e et
vııı^e siècles, et jusques et y compris le
xvıı^e siècle, n'avaient pas eu des armées égales à
celles des Mahométans qui envahirent l'Europe, s'ils ne leur étaient pas devenus graduellement supérieurs, l'Europe serait maintenant
mahométane, et le christianisme n'existerait
plus. Du marteau de Charles Martel à l'épée de
Sobieski, le christianisme a dû sa sécurité en
Europe à ceci, qu'il s'est révélé capable de
combattre aussi bien et mieux que ses agresseurs mahométans.

La Chine est un vivant exemple de la non
préparation, de la tendance à la paix à n'importe quel prix, de cette manière de préserver
le territoire et l'honneur national qui consiste
à employer « la persuasion » et non l'épée. En
conséquence, les Anglais, les Russes, les
Japonais dirigent la moitié de la Chine, et

le reste perd, en ce moment, tout droit
d'être considéré comme un peuple indé-
pendant, comme un peuple qui se respecte. Ceux qui, de bonne foi, organisent
des cavalcades, des conférences, des cérémo-
nies en faveur de la paix sont coupables d'une
erreur qui rend leur conduite stupide. Ceux
qui, mettant la paix au-dessus de la justice,
préconisent l'affaiblissement de la puissance
nationale et bannissent tout souci de défense,
feraient bien d'observer la Chine en ce moment.

Ces conférences et ces déclarations en vue de
la paix universelle, à l'heure actuelle, ces protestations en faveur d'une ligue mondiale
grâce à laquelle nous arbitrerons tout et ferons
appliquer notre jugement par la force des
armes, tout cela n'est que du bruit inutile. Le
point essentiel à considérer pour le moment
est que, tant que nous n'aurons pas fait preuve
de force, tant que nous ne serons pas capables
de nous servir de cette force au besoin, tant que
nous n'aurons pas décidé de nous en tenir à
des promesses réalisables, nous serons complètement incapables de rien faire pour le bon

droit, soit par des ligues soit par tout autre moyen.

Toute association pacifiste, qu'elle soit religieuse ou humanitaire, philosophique ou politique, et tous les prôneurs de paix, dans la vie publique ou privée, ne font autre chose que du mal et un mal très grave, tant qu'ils ne considèrent pas la justice d'abord, la paix ensuite. Toute ligue s'intitulant ligue pour la paix encourage l'immoralité, à moins qu'elle ne reconnaisse clairement et explicitement le devoir qui nous incombe de placer la justice avant la paix, et d'être prêts à faire valoir nos droits par la guerre, si cela est nécessaire. Il est oiseux de promettre de faire une guerre offensive au profit des autres, tant que nous n'avons pas montré que nous sommes prêts et consentants à faire une guerre défensive pour nous-mêmes. Quiconque craint la mort plus que le déshonneur, que la honte de ne pas accomplir son devoir, est un pauvre citoyen; la nation qui considère la guerre comme le plus grand mal et la paix comme le plus grand bien est une nation misérable et méprisable. Aussi est-il juste qu'elle disparaisse de la surface de la terre.

Si notre peuple croit réellement ce que disent les pacifistes et les politiciens qui ont peur de l'Allemagne, s'il craint réellement la guerre plus que toute autre chose au monde s'il est descendu au niveau des Chinois, — déchéance que cherchent à combattre tous les Chinois sages et courageux, — il n'y a plus à garder aucun espoir en les États-Unis. Dans ce cas, ce qui pourrait arriver de meilleur, serait que les Allemands ou les Japonais, ou n'importe quel autre peuple ayant encore toute sa virilité vienne diriger et oppresser une nation de faibles pacifistes, incapables d'autre chose que de tailler du bois et de pomper de l'eau pour leurs maîtres.

Mais je n'admets pas un seul instant que le peuple américain soit tombé, ou tombe jamais, aussi bas. Nous sommes légers, myopes, et nous permettons aux bavards de dénaturer notre pensée ; mais le fond du cœur de ce peuple est sain. Nous célébrons le jour de la Décoration et celui de l'Indépendance, le 30 mai et le 4 juillet. Nous croyons en les hommes de la Révolution, en ceux de la guerre civile, et en ces femmes qui élevèrent « leurs fils afin d'en faire des soldats », pour la défense de la justice. Nous savons qu'en elle-même, la guerre n'est ni morale ni immorale, qu'une guerre peut être juste ou injuste selon l'objet et l'intention. Donc il est indispensable pour notre peuple de considérer sérieusement les problèmes dont j'ai parlé plus haut, et le premier de ces problèmes est la préparation.

La première leçon, la plus importante à apprendre, est celle-ci : si la préparation ne garantit pas une nation contre la guerre, la non préparation assure non seulement la guerre, mais un désastre complet. Pensez à ce qui est arrivé chez nous et sur le continent, pendant les deux dernières années. La préparation a sauvé la France de la honte indicible qu'elle souffrit en 1870. Tout Français porte, en ce moment, la tête plus haute qu'aucun de ses compatriotes ne l'a fait depuis quarante-cinq ans. L'Angleterre souffre parce qu'elle n'était pas préparée. Si son armée avait été prête, comme lord Roberts l'aurait voulu, si elle avait eu le service obligatoire sur les mêmes bases que l'Allemagne, si elle avait imité la force allemande dans les domaines militaires, industriels, et sociaux, et si, au contraire de l'Allemagne, elle s'en était servie pour défendre le bon droit des autres au lieu de l'attaquer, elle aurait été capable de délivrer la Belgique et la France de l'invasion et, en même temps, d'assurer avec certitude son propre avenir. Elle était prête au point de vue maritime et, par là, capable de se protéger sur mer. Mais lorsqu'elle se porta caution pour la Belgique, abandonnant ses frontières maritimes et poussant ses frontières sur terre jusqu'au front allemand, au delà de Liège, elle ne fut plus à la hauteur de sa tâche. De même nous n'avons pas compris que nos frontières morales ne s'arrêtaient pas au bord de l'Océan, mais allaient au delà des mers, en Alaska, à Hawaï et dans la zone du canal de Panama.

Mais la Belgique, si on la compare à la Suisse, offre un exemple plus frappant encore. Sous plusieurs rapports la Belgique, en 1894, se trouvait dans la même situation que les États-Unis aujourd'hui. Elle n'a pas été tout à fait aussi myope que nous l'avons été et que nous le sommes; mais elle l'a été beaucoup. C'était un pays absolument pacifique et très prospère. Il avait une nombreuse population industrielle. Depuis pas mal d'années les plus sages parmi les Belges et, entre autres, les représentants du travail et les socialistes, ont prêché la nécessité de la préparation pour éviter que le pays soit envahi par ses puissants voisins militaires. Mais la politique belge était dominée par les pacifistes et les partisans de la paix à n'importe quel prix, par des hommes et des femmes prétendant qu'il « est immoral de combattre » ou que « la guerre n'arrange rien », et aussi par ceux qui affirmaient que personne n'attaquerait la Belgique parce qu'elle était pacifique. Ils soutenaient que seules importaient au bien-être de la nation la prospérité des affaires et les réformes d'ordre intérieur. Aussi contribuèrent-ils à empêcher une préparation convenable. Il y a un an ou deux à peine que furent tentées, en vue de la préparation militaire, quelques réformes insuffisantes. Cette préparation insuffisante est la cause du terrible désastre qui a détruit l'œuvre de tant de générations industrieuses et patientes.

Par contre, la Suisse, la plus paisible des nations d'Europe, a énergiquement pris toutes les mesures nécessaires à sa propre défense.

Elle a une armée de 400.000 hommes, très exercée. La Belgique, vu sa population, devrait avoir une armée de 700.000 hommes. Si elle avait une armée semblable et si elle avait agi comme la Suisse, le territoire belge serait encore entre des mains belges; il serait libre au lieu d'être écrasé par une tyrannie effrayante. Quiconque connaît l'histoire militaire de l'Allemagne moderne et les plans de l'État-Major se demande si l'invasion allemande n'aurait pas été aussi rapide par la Suisse. Mais l'armée belge représente seulement un sixième de l'armée suisse. La petite armée belge combattit vaillamment, la conduite du peuple belge, depuis le début de la guerre, a été au-dessus de tout éloge et a rendu l'humanité débitrice de son héroïsme. Mais cet héroïsme vint trop tard pour être utile. Il était trop tard pour se préparer, une fois que l'Allemagne eut franchi la frontière. La Suisse s'était préparée d'avance, et elle est en paix maintenant, tandis que le sol de la Belgique est noyé dans une mare de sang. La nature physique des deux pays n'a influé en rien sur les événements. Il y a un siècle, les armées de Napoléon traitèrent la

Suisse aussi cavalièrement qu'aujourd'hui l'Allemagne traite la Belgique, et pour la même raison : parce que la Suisse n'était nullement prête.

Que notre peuple médite cet avertissement, et voyons ce qui est arrivé en Asie, au même moment! Le Japon était préparé, il était prêt à combattre ; aussi avec des pertes sans importance, a-t-il fait d'énormes gains et, maintenant, il domine la Chine. Cette dernière n'était pas prête à se battre ; elle ne s'était pas préparée. Sous le rapport des ressources naturelles, du territoire, de la population, elle surpassait de beaucoup le Japon, mais elle a commis la faute énorme de négliger sa préparation ; aussi se trouve-t-elle maintenant à la merci du Japon, et son existence même est compromise.

Pour une nation, le moyen le plus certain de courir à un désastre est d'être riche, contente d'elle-même, et désarmée. Un pays ne peut pas plus préparer sa propre défense lorsque la guerre le menace qu'un collégien du type pacifiste ne peut le faire si un jeune homme vigoureux l'insulte. La seule différence est que le collégien peut faire appel à la police, tandis qu'une nation ne peut compter que sur elle-même. De temps à autre, un chenapan assure sa maison pour y mettre le feu afin de toucher la prime : mais ce n'est pas une raison pour que nous renoncions aux assurances contre l'incendie. De temps à autre, une nation se prépare pour une guerre d'agression. Mais ce n'est pas un argument contre la préparation défensive, qui est la seule façon efficace d'assurer une paix nationale.

CHAPITRE VII

LE SEUL AMI DE L'ONCLE SAM, C'EST L'ONCLE SAM

Il y a plus de quarante ans, Charles Dickens écrivit ce qui suit sur les États-Unis : « Au moment où j'écris, ils se font honorablement remarquer par l'énergie qu'ils déploient dans la protection de leurs nationaux, par la dignité et la décision dont ils font preuve, et qui devraient servir de modèle à l'Angleterre ». — Ulysse Grant était alors président des États-Unis. — Comme Washington, Lincoln et Andrew Jackson, Grant était un Américain qui n'était pas « trop fier pour combattre ». Ceux de mes compatriotes demeurés fidèles aux vieilles traditions américaines ne peuvent que ressentir une grande honte en voyant le contraste qui existe entre les tendances dont parle Charles Dickens et celles du moment présent.

La politique d'attente, politique populaire parmi les chefs gouvernementaux d'un certain type depuis l'époque d'Ethelred l'Irrésolu, et même depuis des milliers d'années avant lui, a échoué comme elle échoue toujours, tout naturellement, en présence de sérieuses difficultés, et en face d'un adversaire résolu et sans pitié. Nous avons essayé de tous les expédients, sauf de l'emploi de la sagesse et de la résolution. On a soutenu que nous n'avions jamais connu la guerre, mais cette affirmation ne peut venir que de ceux qui jouent sur les mots. Naturellement, on trouve des gens pour prétendre que, lorsque nous prîmes Vera Cruz en perdant environ 120 hommes et en tuant ou blessant plusieurs centaines de Mexicains nous agissions dans l'intérêt de la paix et ne faisions pas la guerre. S'il en est ainsi, il n'y a pas à discuter et il n'y a qu'à laisser les gens capables de semblables raisonnements satisfaire leur conscience en se servant de mots qui dénaturent les faits. Par une conséquence naturelle de l'impression causée à l'étranger par notre conduite au Mexique, nous avons été forcés de prendre les armes à Haïti, et un certain nombre de nos soldats et de nos adversaires furent tués et blessés (sans doute nous « agissions dans l'intérêt de la paix » à Haïti comme au Mexique). Au Mexique, le résultat de la guerre, ou de la paix, ou de ce que l'on voudra, fut que nous dûmes nous retirer sans avoir obtenu le bénéfice annoncé par notre Gouvernement lorsqu'il prit Vera Cruz.

Nous, citoyens des Etats-Unis, avions, en 1914, un double devoir : un devoir vis-à-vis de nous-mêmes, un autre vis-à-vis des autres. Nous avons échoué dans les deux cas. Tout d'abord, ces deux échecs sont dus aux efforts nuisibles des pacifistes professionnels, dont l'influence se fit sentir, il y a environ cinq ans, lorsque le gouvernement de Washington chercha à négocier plusieurs traités d'arbitrage d'après lesquels nous abandonnions notre droit de maintenir nos propres intérêts et notre honneur national. Nous avons été forcés, nous qui croyions à la paix et à une paix basée sur la justice, d'arriver à cette conclusion que les principaux leaders de la paix à tout prix, durant les dix dernières années, n'ont fait que des sottises et du mal. Ce résultat de l'agitation des pacifistes professionnels est dû, surtout, au fait qu'ils ont placé la paix au-dessus du bon droit

et refusé résolument de regarder les réalités
en face, lorsqu'elles leur apparaissaient désa-
gréables.

Il est aussi mauvais d'exalter la paix aux
dépens de la moralité que d'exalter la guerre
aux dépens de la moralité. Lincoln rendit à la
cause de la paix permanente et à la grande
cause de la justice et du bon droit un service
immense lorsque, avec une fermeté inébran-
lable, il accepta quatre années de guerre écra-
sante plutôt que de céder aux pacifistes professionnels de son temps : les Copperheads. Le
plus grand service rendu par Washington fut
d'une nature analogue. La cause de la seule
paix de quelque valeur pour les hommes d'honneur n'a jamais été servie plus utilement que
par ces deux héros, qui surent ne point reculer
devant une guerre juste.

Le renoncement à nos devoirs vis-à-vis des
autres s'aggrave par l'omission de notre devoir
envers nous-mêmes ! Payer un tribut de 25 millions de dollars à la Colombie n'atténue pas
notre refus timide de remplir nos obligations
envers la Belgique. Cela l'aggrave plutôt. Bien
plus, il faut se souvenir qu'en ces sortes de

choses, le faible ne peut être aidé par le faible,
que le malfaiteur brutal ne peut être arrêté par
le lâche ou par l'homme arrogant et mou qui
ne se donne pas la peine d'appuyer ses paroles
par des actes. Préparation veut dire : prévoyance, effort, travail. Aussi les hommes
mous, égoïstes, indolents, ne vivant que pour
gagner de l'argent, et avec eux la grande masse
des gens bien intentionnés qui se dérobent lâchement à l'accomplissement de devoirs nouveaux créés par de nouveaux besoins, accueil-
lent-ils avec enthousiasme le leader politique
qui, par de pompeux discours, les console et les
allège de leur honte secrète.

Un politicien adroit peut, incontestablement,
gagner bien des votes s'il préconise la non préparation, s'il loue la paix et prêche la neutralité
comme étant toutes deux morales, même dans
le cas où la « paix » et la « neutralité » nous
amènent à faillir à notre devoir envers les
autres et envers nous-mêmes. Un semblable
politicien peut, par son habileté à débiter des
phrases sonores, gagner des votes et prendre
place dans le Cabinet du Président, en se prê-
tant aux désirs de gens charmés de s'entendre

dire que leur égoïsme, leur myopie et leur timidité sont des vertus. Mais, en agissant ainsi, il
sape la vitalité morale du peuple qu'il trompe.

Il est déplorable que cette nation qui, pendant cinq ans, s'est posée en champion de la
paix, a tenu des conférences contre la guerre,
et remercie ses citoyens riches de fonder des
ligues pacifistes, se soit contentée de ces activités futiles, n'ait pas osé frapper un grand coup,
et ait eu peur même de dire un mot en faveur
du bon droit, tandis que le mal triomphait temporairement pendant les dix-huit derniers mois.
C'est une chose pire encore que, durant cette
période, nous n'ayons rien fait pour sauver
notre propre pays d'un désastre.

Pour nous, peuple des États-Unis, le moyen
d'échapper au blâme n'est pas de rejeter tous
les torts sur nos hommes politiques. Sans aucun
doute, pendant les dix-huit mois passés, le Gouvernement a été coupable d'une indifférence
criminelle pour l'honneur et l'intérêt de la
nation. Mais s'il a commis cette faute, c'est
qu'il pouvait compter sur l'approbation du
peuple ; donc, en définitive, le blâme tombe sur
le peuple. Il est normal que les succès poli-

tiques aillent aux politiciens qui font appel à
ce qu'il y a d'égoïste et de timide dans le caractère du peuple. Un correspondant de Virginie,
qui a toujours été mon adversaire politique,
m'écrit : « Le trait le plus déprimant de la situation actuelle est que la grande majorité du
peuple américain approuve la politique du président Wilson et des autres apôtres du Bucha-
nanisme. Chacun est si satisfait de gagner de
l'argent, de se donner du luxe, d'aller aux ex-
positions, de monter dans son automobile, qu'il
a horreur de penser à la mort, aux besoins, à
la faim et à la fatigue. On constate une disposition marquée à considérer l'héroïsme comme
une immoralité, et tous les soldats comme per-
vers et mauvais. Le Gouvernement est terrorisé par les Allemands et les gens qui éprouvent
la même crainte que lui sont pour la paix à
n'importe quel prix ». Il est possible que cet
état d'esprit soit celui du peuple américain en
général, et si cela est, ceux qui le favorisent
en profiteront, politiquement parlant. Mais
pour obtenir un profit personnel, ils contribuent
à avilir leurs compatriotes.

Lorsque la guerre mondiale éclata, il y a plus

de deux ans, nous fûmes tout simplement inexcusables de ne pas commencer aussitôt le travail de préparation. Si nous l'avions fait, nous serions maintenant capables d'élever la voix en vue d'obtenir une juste paix. Mais rien n'a été tenté en ce sens par ceux qui étaient au pouvoir. Au contraire, dans son message au Congrès de décembre 1914, le Président a développé ses arguments en faveur de la non préparation.

L'attitude de la presse germano-américaine à propos des notes postérieures du président Wilson à l'Allemagne est caractéristique. Les journaux germano-américains ont montré que tout leur dévouement allait à cette partie du mot composé qui précède le trait d'union, et que pour eux le mot : germano-américain signifiait qu'ils étaient des Allemands profitant de leur situation en Amérique pour forcer les États-Unis à sacrifier leur honneur et les intérêts de l'humanité au bénéfice du Gouvernement allemand. Les Germano-Américains professionnels, de connivence avec le Gouvernement américain, et sur l'instigation directe du gouvernement allemand, ont délibérément fait une campagne contre les États-Unis, ils ont triomphé lors des atrocités allemandes, et ouvertement annoncé que l'appui des votes germano-américains était subordonné à l'attitude du Gouvernement à l'égard de l'Allemagne. Ils ont annoncé que l'Allemagne permettrait au président Wilson de jouer un rôle dans les négociations de la paix à condition qu'il prêterait à l'Allemagne un concours actif et passif pendant la guerre. Les Germano-Américains se sont montrés, pour le Président, des maîtres exigeants ; ils ont tellement exaspéré les véritables Américains que ces derniers l'ont forcé à une action tardive, et accomplie de mauvais gré. Après dix-huit mois, il a commencé timidement à parler d'une préparation imparfaite. Après une conversation de sept mois avec l'Allemagne au sujet du *Lusitania*, il s'est en définitive fâché avec l'Autriche à propos de l'*Ancona*, car l'Autriche est plus faible que l'Allemagne et l'on peut, à moindre risque, se brouiller avec elle. Par la suite, M. Wilson ne bougea pas lorsque d'autres navires furent coulés, et le peuple ne parut pas s'en émouvoir.

On ne saurait sérieusement blâmer les gens coupables de n'avoir pas vu ou prévu ce qui est caché à tous les yeux sauf à des regards presque prophétiques. Depuis l'époque de Washington, les Américains les plus clairvoyants se sont toujours trouvés en avance sur le sentiment populaire, aux États-Unis, chaque fois que la préparation pour la guerre était en jeu ; mais, d'un autre côté, nombre de leaders ont été en retard sur le peuple qu'ils dirigeaient. Sous un Gouvernement droit, le peuple s'est toujours attaché aux faits franchement exposés. Il a refusé de suivre un Gouvernement dont la conduite officielle était mauvaise.

Vingt ans après la guerre civile, nous avions laissé notre armée et notre marine descendre au-dessous de l'armée et de la marine d'une puissance européenne de troisième ordre. La marine est particulièrement importante pour nous, et graduellement notre peuple est arrivé à l'apprécier. En 1898, eut lieu la guerre contre l'Espagne. Dans cette affaire, nous ne fûmes pas sans reproche, mais la conduite des Espagnols fut pire. Comme l'a dit le profond philosophe qui signe M. Dooley : « Nous étions comme dans un rêve, mais les Espagnols étaient en léthargie ». Toutefois, à la suite de ces événements, nous augmentâmes notre flotte, qui prit la quatrième ou la cinquième place parmi les grandes puissances, tandis que notre armée atteignait à peine le chiffre de 100.000 hommes. Mais, aussitôt la guerre terminée, le Congrès, probablement — je regrette de le dire — influencé par le peuple, laissa notre force militaire se dissoudre [1].

En 1901, sous la direction de certains membres du Comité naval au Sénat, le Congrès

[1] Certains partisans du Gouvernement qui cherchent à le défendre d'une façon déloyale ont dit que, lorsque j'étais Président, je n'ai point assez fait pour l'amélioration de l'armée et de la marine. Naturellement ces individus savent parfaitement bien que les critiques dirigées contre moi à cette époque venaient de ce qu'on me trouvait trop militariste, et ceux qui les firent m'en voulurent toujours parce que je tâchais de pousser les Congrès plus loin qu'ils ne le voulaient dans l'amélioration de l'armée et de la marine. Pendant ma présidence, la marine tripla sa force et l'armée doubla en puissance. Je ne négligeai rien pour que les Congrès fissent mieux encore. Je suis allé aussi loin que je le pouvais, j'ai demandé tout ce que je pouvais demander. Dès mon premier message au Congrès du 3 décembre 1901, et dans tous ceux des années suivantes, je soutins la thèse de « la préparation », de la reconstitution de nos forces navales et militaires. J'ai répété ces arguments dans une douzaine de discours prononcés dans tous les coins de l'Union. Ces messages aux Congrès et ces discours où j'ai si souvent et si longuement prêché la préparation, tous ceux qui fréquentent les bibliothèques publiques pourront les lire.

arrêta toute amélioration dans la construction des navires de guerre. Pendant les huit années suivantes, cependant, le travail interrompu fut repris. La marine s'accrut en nombre et plus encore en puissance ; pour la première fois, les manœuvres furent exécutées comme elles auraient dû l'être déjà. Le résultat fut qu'en 1909, notre flotte était la deuxième du monde et capable de nous défendre en cas d'attaque de la part d'une puissance étrangère. Tel était notre premier devoir, et il a été accompli. En même temps la puissance de l'armée avait été augmentée dans de fortes proportions. On vit bien le résultat obtenu en comparant l'expédition de Cuba sous le général Barry, avec celle qui avait eu lieu sous le commandement du général Shafter, six ou huit ans auparavant.

Alors arriva l'affreux cataclysme de la guerre européenne actuelle. Pendant les années 1913 et 1914, notre marine déclina rapidement. Cette déchéance était due en partie aux méthodes qui présidaient à son administration, méthodes dans le genre de celles suivies dans notre guerre au Mexique. Il n'y eut plus de manœuvres, ni d'exercices de tir pendant ces deux années, et, en conséquence, notre flotte est redescendue au cinquième rang. Elle serait incapable, pour l'instant, de nous défendre contre une attaque sérieuse.

Les événements de l'année 1914 ont démontré l'erreur absolue de ceux qui s'imaginent que l'opinion de l'humanité civilisée suffit pour prévenir, de la part des nations guerrières, les attentats les plus criminels. Ce qui est arrivé en 1914 prouve qu'en matière de morale internationale le monde n'a fait aucun progrès, si petit soit-il, depuis la fin des guerres de Napoléon. Cet insuccès est dû autant à l'erreur initiale des pacifistes qu'à celle des militaristes. L'administration, toute craintive, du Gouvernement américain pendant l'année dernière a puissamment favorisé l'administration de sang et de fer en vigueur de l'autre côté de l'Océan. Le premier système n'est peut-être pas aussi mauvais, mais est beaucoup plus méprisable. Les États-Unis ont, d'une façon flagrante, négligé de tenir les promesses faites à la Convention de La Haye, et ils se sont abstenus de servir la cause de la justice. Ils ont cru trouver un refuge dans une neutralité vieille comme le monde, mais toujours dégradante pour celui qui la pratique. La neutralité entre le bien et le mal, comme on l'a dit avec juste raison, une telle neutralité est l'acte le plus ignoble qui se puisse imaginer.

Avant la guerre, les Américains en général étaient assez excusables de ne pas comprendre le danger qui les menaçait. Mais, à présent, il n'y a plus d'excuse. Etant donnée, en effet, l'indifférence dont nous avons fait preuve à l'égard de nos devoirs, nous sommes assurés que, si une nation puissante nous attaque, quelque innocents et pacifiques que nous soyons, nous n'avons absolument rien à attendre des autres pays. Plus que certainement, la neutralité que nous avons maintenue entre le bien et le mal, lorsque la Belgique était foulée aux pieds, nous sera rendue lorsque notre tour viendra. Comment blâmer les nations qui, en ce moment, citent en ricanant nos proclamations en faveur de la neutralité, et déclarent qu'à leur tour elles ont l'intention de demeurer neutres non seulement en actes, mais même en pensée, si une puissance quelconque, européenne ou asiatique, décide de nous enlever le canal de Panama, ou

Hawaï, ou Porto-Rico, ou encore de prendre et de rançonner New-York ou San Francisco? De plus, cette guerre a prouvé que des armées composées de centaines de mille hommes pouvaient être transportées non seulement au delà des mers étroites, mais aussi à travers de vastes océans. La puissante marine anglaise a su faire de l'Océan une barrière pour les ennemis de l'Angleterre et une grande route pour elle-même. C'est à sa flotte uniquement que l'Angleterre doit son salut.

Profitons de l'héroïque exemple que la Belgique donne en ce moment, et du sort terrible qu'elle doit à son manque de prévoyance et de préparation! A présent, en dépit des affreux désastres de l'année 1914, et bien qu'il ne lui reste qu'une toute petite partie de son territoire, l'armée belge est plus forte et plus puissante que jamais. Elle compte environ 120.000 hommes, plus de 400 canons et une grande quantité de mitrailleuses, sans parler des services d'aviation, des fabriques de munitions et des centres de ravitaillement. Il y a 14 centres d'instruction pour les recrues belges, et d'excellentes écoles pour les officiers. Le moral de l'armée est extraordinaire, je ne connais rien de plus beau dans toute l'histoire que la façon dont cette armée a été levée et maintenue par la nation belge au milieu d'un cataclysme presque unique dans l'histoire des nations. Mais ce cataclysme, ce désastre affreux et écrasant pour la Belgique, ils viennent justement de ce qu'aucun effort n'avait été fait antérieurement. Le splendide héroïsme d'aujourd'hui ne peut réparer qu'en faible partie l'horrible dommage dû à la non-préparation dans le passé. La Belgique a souffert jusqu'aux dernières extrémités de la douleur; tandis qu'elle serait restée à peu près sauve si, avant la guerre, elle avait préparé son armée d'une façon aussi complète, relativement à sa force d'alors, que sa présente armée l'est relativement à sa faiblesse actuelle.

L'Angleterre a été, pendant la première année de la guerre, un exemple lamentable de la punition qui ne peut manquer de frapper la nation qui manque à remplir sérieusement ses devoirs, et à se préparer pour le service obligatoire en vue de jours mauvais. Sa marine fut admirable dès le début, grâce à des hommes comme Lord Fisher, qui la développa, et le prince Louis de Battemberg qui la mobilisa à temps avec une sûreté comparable à celle de la mobilisation allemande. Les soldats anglais sur le front se conduisirent admirablement, mais, dans l'ensemble, les Anglais ne se sont pas montrés sous un jour avantageux lorsqu'on les a comparés aux Français, pendant la première année de la guerre. Cela est vrai de leurs capitalistes, cela l'est encore plus pour leurs ouvriers (surtout en comparaison des ouvriers français qui travaillèrent jour et nuit, et échangèrent des souhaits fraternels avec les généraux sur le front). Ce fut vrai pour les membres du Parlement et pour les journalistes qui combattirent le service obligatoire. Plus d'une année s'écoula avant que les Anglais commençassent à produire des armes et des munitions avec la même énergie que la France et l'Allemagne. Les volontaires se sont engagés en très grand nombre, mais ceux qui désiraient échapper à leur devoir furent autorisés à le faire, et ce fut une chose regrettable. Maintenant, deux années après la déclaration de la guerre, le peuple anglais travaille avec une énergie et un patriotisme extraordinaires, mais il ne lui est pas possible de réparer entièrement le mal causé par le manque de préparation antérieure.

S'il n'y avait pas là une leçon pour nous, je ne m'arrêterais certainement pas à ces faits. Ce que nous devons surtout retenir, c'est que, si l'Angleterre n'a pas fait tout ce qu'elle aurait dû, elle a fait infiniment mieux que nous n'aurions fait. Elle a compris la leçon, elle la met en pratique, tandis que nous, nous n'avons rien appris ; et nos leaders exécutifs, législatifs, et autres, aussi bien M. Wilson et M. Bryan que des membres du Congrès tels que MM. Kitchin et Hay, agissent d'une façon déshonorante pour le nom américain, et cela, à l'heure où l'avenir de la nation est menacé par de graves périls. Des livres de grande valeur ont été inspirés chez nous par la guerre ; mais le meilleur, au point de vue des enseignements pratiques, est celui d'Oliver : *L'Épreuve par la bataille*. Je souhaiterais que tous les Américains le lisent, et se persuadent que tout ce que Oliver dit à propos des faiblesses et des besoins de l'Angleterre se rapporte avec plus de justesse encore au peuple américain. Le colonel Arthur Lee, membre du Parlement, dans un discours à ses électeurs, a clairement montré au peuple anglais les nécessités et les devoirs de l'heure présente. Nos politiciens, nos humanitaires bien stylés et nos amoureux de la paix devraient lire ce discours avec attention et en faire leur profit.

Assurément, nous devons repousser avec horreur la brutalité, l'inhumanité et l'indifférence cynique vis-à-vis du droit international dont le Gouvernement allemand a fait preuve durant ces deux années ; nous devons éviter comme nous éviterions la peste qu'il se forme dans notre pays une psychologie populaire analogue à celle qui empoisonne l'opinion publique allemande en l'amenant à soutenir les actes de son Gouvernement en Belgique, et à se réjouir, dans des chansons, du meurtre de femmes et d'enfants. Mais si nous tenons à l'héritage que nous a légué Washington et que nous a conservé Lincoln, nous entreprendrons immédiatement l'effort nécessaire pour rivaliser avec la puissance allemande, puissance qui n'est pas seulement militaire, mais aussi sociale et industrielle.

Nous, Américains, nous prétendons qu'une démocratie peut être, pour sa défense, aussi forte qu'une autocratie dans son despotisme. Il est inutile d'émettre cette prétention, inutile de faire parade d'une éloquence merveilleuse dans les discours du 4 juillet et de parler constamment, dans notre enseignement public, de notre grandeur, de notre attachement aux principes démocratiques, de la mission que nous avons de faire le bien sur la terre, si nous ne sommes pas capables d'appuyer nos paroles par des actes. L'Allemagne est l'antithèse de la démocratie. Aussi exulte-t-elle à la pensée que la démocratie anglaise est brisée. Elle exulte en voyant qu'en Amérique la démocratie s'est montrée si faible qu'elle n'a pas osé protester contre le mal fait aux autres, qu'elle s'est bornée à des paroles lorsqu'elle a été lésée elle-même. Elle se réjouit ouvertement, et compte que les Germano-Américains professionnels se montreront traîtres envers les États-Unis. Elle se sert des politiciens qui ont peur des votes germano-américains.

En Amérique tout pacifiste professionnel, tout représentant de l'avidité commerciale, tout apôtre de la timidité, tout gredin qui trahit son pays, travaille en ce moment contre la démocratie. Si l'idéal démocratique échoue, si la démocratie s'affaiblit, à eux tout d'abord en reviendra le blâme. Car la démocratie tombera assurément, si l'on prouve un jour qu'elle est incompatible avec la sécurité nationale. La loi de la préservation personnelle est la première loi des nations aussi bien que des individus. Qu'un pays ne puisse se protéger sous un gouvernement démocratique, et ce pays disparaîtra ou il inaugurera une nouvelle forme de gouvernement.

Je pense que notre peuple comprendra tout cela. J'espère qu'il contribuera à la victoire de la démocratie. Il ne peut y parvenir qu'en montrant, par ses actes, qu'il a conscience des responsabilités qui incombent à une démocratie. La première et la plus importante est celle de la défense nationale. Nous devons être prêts à défendre un pays gouverné d'après l'idéal démocratique, ou alors nous nous rendons coupables de trahison envers cet idéal. Pour défendre le pays, il est nécessaire de l'organiser lorsqu'il est en paix ; on ne peut le faire lorsqu'il est en guerre. Un individualisme sans restriction en temps de paix veut dire incapacité de résistance et impossibilité d'accomplir un grand effort national pour une fin commune en temps de guerre. On ne devrait permettre ni à l'homme d'affaires, ni à l'homme de peine, de rien faire de préjudiciable pour la communauté. La cohésion sociale est nécessaire. Nous devons inaugurer des méthodes grâce auxquelles, sous notre gouvernement démocratique, nous assurerons la socialisation de l'industrie à l'exemple de l'Allemagne, de façon à ce que le travail soit encouragé et contrôlé dans l'intérêt public.

Mettons-nous donc dans l'esprit qu'il faut nous préparer, et qu'il faut tout faire pour cela! Nous avons le canal de Panama. La plupart des membres de nos Congrès se sont, dans le passé, opposés continuellement à la reconstitution de la marine et à la fortification du canal de Panama ; ils croyaient bien agir mais ils ont indignement trahi le devoir national, ils se sont montrés les plus dangereux ennemis de la République. Si le peuple américain veut soutenir de tels politiciens, qu'il abandonne alors le canal

et le rende à Panama ou le donne au Japon, à
l'Allemagne, à l'Angleterre ou à n'importe
quelle nation qui a pour dirigeants des hommes
et non des eunuques ! Qu'il abandonne aussi la
doctrine de Monroë, et ne prétende plus protéger la vie et la propriété au Mexique ! En résumé
devenons la Chine de l'Occident et attendons,
dans la faiblesse et l'impuissance, le jour où
notre territoire sera partagé entre des peuples
plus énergiques !

Mais si nous avons l'intention de jouer notre
rôle de grande nation, d'être prêts à défendre
nos propres intérêts et à être utiles aux autres,
sachons ce que nous voulons faire et préparons-
nous à le faire ! Au sud de l'Equateur, sur la
ligne approchant de chaque côté le canal de
Panama, nous n'avons plus à nous occuper de
la doctrine de Monroë. Le Brésil, le Chili et l'Argentine sont capables de défendre cette doctrine
pour toute l'Amérique du Sud, excepté dans la
partie de l'extrême Nord. Considérez, par
exemple, le cas de l'Argentine. Comme en Suisse
le service militaire y est obligatoire, ce qui,
industriellement et socialement, lui a été d'un
très grand secours. Cela lui a aussi donné une

armée de presque un demi-million d'hommes, bien que la population ne soit pas un neuvième de celle des Etats-Unis. L'Argentine est beaucoup plus prête que les Etats-Unis à défendre son territoire en cas de soudaine attaque d'un ennemi puissant. Nous ferions bien de nous mettre à son école, et d'apprendre la leçon qu'elle nous donne.

Donc, nous ne devons nous inquiéter de la doctrine de Monroë que lorsqu'il s'agit des approches du canal de Panama, c'est-à-dire les territoires entre notre frontière sud et l'Equateur. Nous n'avons pas à nous préoccuper de cette doctrine à propos du Canada, car, l'an dernier, le Canada s'est montré infiniment plus fort que nous.

Le Gouvernement actuel fut élu sur sa promesse de rendre la liberté aux îles Philippines. Nous devons tenir cette promesse. Durant les cent dernières années aucun peuple n'a rendu à un autre peuple un service plus important que celui que nous avons rendu aux Philippines, et ensuite à Cuba. En février 1909, lorsque notre flotte revenait de son voyage autour du monde, les Etats-Unis étaient, au point de vue militaire, et surtout au point de vue naval, assez forts pour qu'aucune puissance n'osât s'aventurer à nous léser. Dans de telles circonstances, nous pouvions garder les îles Philippines, et continuer notre œuvre. Mais depuis nous avons, relativement aux autres puissances, reculé incalculablement au point de vue militaire, nous sommes beaucoup moins capables de nous défendre. J'ajouterai que nous avons promis l'indépendance aux Philippines dans un avenir immédiat, et que nous avons continué jusqu'ici à les maintenir sous une autorité, d'ailleurs très débile.

Une telle indécision dans notre conduite internationale montre que notre peuple ne devrait pas se charger du gouvernement d'une colonie éloignée, d'abord pour des raisons militaires et aussi à cause de la nécessité de tenir les promesses qui ont été faites. Quittons donc les îles Philippines! Comme elles souhaitent notre départ, nous sommes quittes de toute obligation morale vis-à-vis d'elles, et nous ne serons jamais obligés, en quelque circonstance que ce soit, de les défendre contre les autres nations.

Restent l'Alaska, Hawaï, nos propres côtes,

le canal de Panama et ses environs : ce sont les seules données du problème militaire avec lequel nous sommes aux prises.

Des démocrates ne devraient jamais consentir à payer quelqu'un pour se battre à leur place. L'homme qui revendique le droit de vote doit être capable et désireux de se battre pour le pays auquel il donne son vote. Je crois à la démocratie en temps de paix, et j'y crois aussi en temps de guerre. Je crois au service obligatoire. Il représente le véritable idéal démocratique. Nul, riche ou pauvre, ne devrait y échapper. En temps de guerre, tout citoyen de la République devrait être absolument tenu de servir la République, si la République avait besoin de lui. Le pacifiste et l'Américain à trait d'union devraient être sévèrement requis pour combattre, servir dans l'armée, et partager le travail et le danger des citoyens les plus braves et les plus patriotes. Le moindre manquement au devoir, de leur part, devrait être puni avec la plus grande rigueur. Celui qui n'est pas capable de se battre pour son pays n'a aucun droit au vote. Quant à la femme qui approuve que l'on chante : « Je n'ai pas élevé mon fils pour en faire un soldat », sa place est en Chine, ou plutôt dans un harem, et non aux Etats-Unis. Mais elle a le droit de chanter : « Je n'ai pas élevé mon fils pour qu'il soit le *seul* soldat ». Toute mère qui ne fait pas ainsi, rend plus lourde la charge de celles qui ont une âme de patriote. Le système tant vanté des « volontaires » ne sert qu'à encourager les braves à courir double risque et à faire double devoir afin que les lâches, et ceux qui gagnent de l'argent restent tranquillement chez eux, dans une sécurité achetée par la vie des meilleurs d'entre les citoyens.

Les Etats-Unis n'ont et ne méritent d'avoir qu'un ami au monde : les Etats-Unis. Nous avons nous-mêmes traité la Convention de La Haye comme un chiffon de papier, et nous ne pouvons espérer que d'autres montrent pour les traités un respect que nous n'avons pas su montrer. Notre sécurité et, par conséquent, nos institutions démocratiques reposent sur notre propre force, et uniquement sur elle. Si nous sommes une véritable démocratie, si nous croyons réellement en un Gouvernement du peuple par le peuple et pour le peuple, si nous croyons en une justice sociale et industrielle assurée par le peuple, si nous croyons au droit qu'a le peuple de réclamer les services de tout le monde, formons une armée qui soit l'armée de tout le peuple !

Ce sera servir l'idéal démocratique. La politique conseillée, pour la Grande-Bretagne, par Lord Roberts était réellement le complément nécessaire de celle proposée par Lloyd George. Dans une démocratie, le service militaire devrait être exigé de tous, en paix comme en guerre ; il faut garantir à chacun ses droits et exiger de chacun l'accomplissement de ses devoirs. Il se peut qu'à la fin nous constations qu'il vaut la peine d'insister pour que tous nos jeunes gens, à leur entrée dans l'adolescence, accomplissent un an de service industriel, dans les champs, dans les stations sanitaires, sur les routes, partout enfin. Ce serait rendre service aussi bien au fils du millionnaire qu'à l'enfant qui grandit dans les quartiers populeux de nos grandes villes, ou au loin dans les fermes solitaires.

— Voilà pour l'avenir. Quant au présent il est certain que six mois de service militaire seraient une chose excellente pour tous ces jeunes gens, ainsi que pour la nation. Nous arriverions ainsi à la cohésion sociale. Nous y gagnerions une armée véritable et un type meilleur de citoyens. Nos jeunes gens, au début de leur vie, seraient entraînés non pas uniquement au tir ou aux manœuvres, mais aussi à l'endurance corporelle et à l'énergie morale. Ils apprendraient à commander et à obéir, à prendre de l'initiative, à comprendre et à exécuter promptement les ordres, à se respecter et à respecter les autres; à se rendre compte qu'ils servent leur pays non seulement en paroles, mais en actes. Dans de telles conditions, en arrivant à la virilité, le jeune Américain aurait gagné une plus grande noblesse de caractère, l'habitude de la discipline, la confiance en lui-même, et la possibilité de travailler avec les autres, ce qui est l'élément le plus important du succès pour une démocratie grande, fière, et moderne.

CHAPITRE VIII

FINI DE RIRE AU MEXIQUE

Dire que nous n'avons pas été en guerre avec
le Mexique, c'est jouer sur les mots : autant
prétendre que, les Allemands n'ayant pas à
l'origine déclaré la guerre à la Belgique, ils n'ont
jamais été en guerre avec la Belgique. L'intervention du président Wilson, en raison de son
insuffisance, a produit des résultats déplorables
et il eût été préférable qu'elle n'eût pas lieu. On
peut dire que la faiblesse du Président est la
cause indirecte des crimes commis pendant la
guerre civile au Mexique. Selon les idées de
ceux qui veulent à tout prix éviter la guerre,
il était logique de reconnaître la présidence de
M. Huerta. Du moment qu'on se refusait à la
reconnaître, il fallait agir d'une façon énergique.
Les actes du Président durant cette affaire ont
été constamment contradictoires. M. Wilson
n'a pas compris qu'il fallait prendre un parti

net, et qu'il était de son devoir d'intervenir
vigoureusement, pour protéger les citoyens
américains, au lieu d'atermoyer lamentable-
ment. Il est honteux que nos nationaux aient
été obligés de demander aux représentants des
pays étrangers la protection que leur propre
Gouvernement était incapable de leur donner.
Lorsque nous sommes intervenus au Mexique
en faveur d'un parti, nous aurions dû comprendre que nous devenions solidaires de ce
parti, et que nous n'avions aucun droit d'éluder
les responsabilités qui, de ce chef, nous incom-
baient. Il est inadmissible que le Gouvernement
américain soit venu en aide à un parti souillé
par tant de crimes, et qu'il ait cherché à le
maintenir au pouvoir. Un prêtre s'est plaint à
M. Bryan des violences dont des religieuses
avaient été victimes de la part de partisans de
Villa et de Carranza, M. Bryan s'est contenté de
répondre que les partisans de Huerta avaient
commis des attentats similaires sur la personne
de deux Américaines : comment M. Bryan n'a-
t-il pas compris que les crimes des uns ne justi-
fient pas ceux des autres, et qu'en face de pareils
faits il convenait de réprimer les actes criminels

sans s'inquiéter de savoir quels en étaient les
auteurs? Il s'est passé au Mexique des événements dont on possède la preuve absolue, et qui,
de la part de leurs auteurs, témoignent d'un
extraordinaire mépris des États-Unis. Des reli-
gieux américains ont été soumis à des traite-
ments odieux, ont été pillés, rançonnés, massacrés, sans que le gouvernement s'en préoccupe.
Je pourrais citer à ce sujet des centaines
d'exemples plus abominables les uns que les
autres, et donner les noms de témoins ou de
victimes de ces attentats. Or, jamais M. Wilson
ne s'est occupé de rétablir l'ordre et de faire
respecter l'honneur de son pays. A tel point
qu'un Boer, exilé lors de la guerre sud-africaine
et depuis lors établi au Mexique, n'a trouvé de
sauvegarde, durant les troubles, qu'en se réclamant de sa nationalité anglaise.

Les autres puissances, en effet, ont su protéger leurs nationaux, au lieu de se laisser
berner comme nous. Il est vraiment lamentable
de voir un Gouvernement réclamer âprement au
sujet de marchandises saisies sur mer par les
belligérants, alors que ce même Gouvernement
dédaigne de s'occuper des misères et des tor-

tures dont sont victimes, au Mexique, des Américains de condition modeste.

A propos de l'incroyable faiblesse du Gouvernement, je crois devoir rapporter ici un fait qui me fut communiqué par un officier américain dont je ne puis donner le nom : des soldats des États-Unis refusèrent, leur engagement expiré, de le renouveler, parce qu'ils étaient indignés qu'on leur défendît de riposter, lorsque des Mexicains tiraient sur eux, en territoire américain. De tels faits non seulement déshonorent le nom américain, mais démoralisent l'armée. On demeure confondu lorsqu'on songe que trois Américains furent arrachés d'un train et froidement assassinés. Si M. Wilson avait eu la moindre parcelle d'énergie, aucun Mexicain n'aurait osé commettre un pareil crime. Mais les bandits étaient habitués à l'impunité, et savaient par expérience qu'ils ne couraient aucun danger en outrageant le drapeau américain. Il n'était pas difficile, cependant, d'empêcher ces crimes. On aurait pu y mettre fin en vingt-quatre heures, en notifiant qu'en cas de récidive les troupes américaines marcheraient contre les coupables et leur appliqueraient sans délai le jugement sommaire prononcé par le chef du corps expéditionnaire. Il est vraiment scandaleux que ces mesures n'aient pas déjà été prises. Le sénateur Albert B. Fall de New Mexico, à une séance du Sénat des États-Unis, fit l'exposé de ce qui se passait au Mexique, et demanda des explications que le Président lui refusa sous prétexte que des éclaircissements auraient compromis la sécurité de l'État. Cette réponse aurait été admissible si le Gouvernement s'était préparé à agir, mais comme il n'a absolument rien fait, on ne s'explique pas très bien ce silence.

Il se trouve des gens pour louer le Président d'avoir évité la guerre au Mexique. Or, cette guerre, il ne l'a pas évitée, puisqu'il a tenté plusieurs expéditions incomplètes et infructueuses, et que le résultat de sa politique hypocrite et sans énergie a été la mort d'un trop grand nombre de nos nationaux. Le discours du sénateur Fall devrait être répandu partout et connu de tous ceux, qui, dans notre pays, veulent savoir la vérité. Je tiens à citer la lettre de la femme d'un de nos consuls généraux qui dit : « Le Mexique est peuplé de veuves et d'orphelins, et la famine règne dans le pays. On voit partout des femmes, des vieillards et des petits enfants aux formes émaciées, aux joues creuses et aux yeux brûlants. Beaucoup sont morts l'année dernière de maladies soi-disant mystérieuses. En réalité ils ont succombé à la faim, et des centaines d'enfants n'ont jamais eu une nourriture suffisante durant toute leur courte vie. Les petits enfants ne sourient plus et demeurent assis silencieusement aux portes des huttes, pendant les longues heures de jours interminables. Le bruit des rires et des jeux enfantins s'est éteint au Mexique. Tout ce peuple implore du pain. Les États-Unis ont réclamé le droit exclusif d'intervenir dans les affaires mexicaines. Est-il honnête d'exiger ce droit et de répudier les obligations qui y sont attachées ? » Tolérer de semblables misères nous expose à des critiques du genre de celle que m'adressait récemment un diplomate allemand de mes amis : « Comment se fait-il que, ne protestant pas au sujet de la question mexicaine, vous vous croyiez autorisé à demander une protestation au sujet de la Belgique ? Ne trouvez-vous pas que cette protestation serait étrange de la part d'un gouvernement qui a ignoré les lois internationales d'une façon aussi flagrante, d'abord en refusant de reconnaître le Président d'un pays voisin avec qui il semblait en bons termes, ensuite en permettant l'envoi d'armes à des révolutionnaires qu'il ne considérait pas comme belligérants, enfin en retirant ou confirmant cette permission sans raison apparente ? Je ne parle pas de l'occupation de Vera-Cruz, qui fut entreprise, puis abandonnée sans qu'on puisse en découvrir la cause. Il me semble que les résultats obtenus au Mexique ont été pires que les conséquences de notre invasion de la Belgique. »

A de semblables reproches je n'avais rien à répondre.

CHAPITRE IX

CONCLUSION

Crains Dieu et fais ton devoir ! Ces mots
sont une façon de dire qu'une nation doit avoir
la force et la volonté de se protéger. Elle doit
avoir à la fois du désintéressement et de l'empire sur elle-même, l'un complétant l'autre.
Une nation doit vouloir représenter d'une façon
désintéressée un idéal élevé, mais elle doit
aussi pouvoir réussir à faire respecter ses propres
droits. Il lui arrivera malheur si elle ne possède
pas la volonté et la force d'agir avec désintéressement, si elle n'a pas la volonté et la force
de se maîtriser, de se contrôler et de se disci-
pliner. Elle doit posséder ces grandes et austères
qualités de l'âme qui la rendront capable de
s'habituer à subordonner un plaisir momentané, un bénéfice momentané, une sécurité
momentanée, à un avenir plus noble.

Il est absolument inutile de parler ainsi à

moins que nous ne voulions et ne puissions
passer à la pratique. Le désintéressement national et l'abnégation doivent se manifester par
des actes. Faire parade de sentiments élevés à
ce sujet, prononcer des discours, publier des
écrits à ce propos, et ne pas agir d'accord avec
ces sentiments quand l'occasion se présente,
c'est, pour une nation, une preuve de dégradation. Ce manque de sincérité dans de tels discours répugne aux honnêtes gens. L'indulgence
prolongée pour ces mensonges pénètre la moralité du peuple comme un acide corrosif.

Au printemps 1910, à Christiana, devant le
Comité désigné pour attribuer le prix Nobel, en
accusant réception du prix Nobel pour la paix,
je traçais un plan destiné à assurer la paix
internationale au moyen d'une ligne internationale qui s'engagerait à mettre la force au
service de la paix. C'est le même plan que j'ai
élaboré dans le volume publié il y a plus d'un
an, l'*Amérique et la Guerre mondiale*. Mais c'est
une plaisanterie que de soutenir un tel plan
tant que nous ne prouverons pas que, si nous
faisons une promesse, nous pensons la tenir, et,
en second lieu, que nous voulons montrer du

courage, de la résolution, de la prévoyance dans la question de l'entraînement et de la préparation à la guerre.

Cela seul nous rendra capables de donner de la force à nos promesses. J'ai foi dans le nationalisme comme étant l'absolue et première base de l'internationalisme. J'ai foi dans le patriotisme comme étant l'absolue et première base du plus grand américanisme. J'ai foi dans l'américanisme, parce que, si nos citoyens n'étaient pas d'abord de bons Américains, l'Amérique ne pourrait accomplir rien qui vaille la peine d'être fait pour le bien du monde en général. Mais aucun de ces buts ne peut être obtenu par de vaines paroles.

L'abnégation d'une nation, l'esprit de sacrifice, l'empire sur elle-même et le développement de la puissance nationale, veulent autre chose que des paroles.

L'abnégation nationale nécessaire à l'internationalisme ne peut être obtenue qu'à la condition que la nation veuille sacrifier quelque chose, faire face aux risques ou aux efforts et endurer des privations. L'idéalisme sublime du discours de Lincoln à Gettysburg, et de son

second discours d'inauguration tirent leur force
du fait qu'ils impliquent le désir de braver la
mort, de lutter pour un idéal : on y reconnais-
sait un peuple puissant conduit par un chef
puissant. Nous, les Américains, grâce à la façon
dont l'administration de M. Wilson a refusé de
faire son devoir, nous avons desservi la cause
de l'internationalisme, que nous avions le devoir
sacré de défendre en nous déclarant solidaires de l'héroïque Belgique qui, sous la conduite de son roi et de sa reine, n'hésita pas à
choisir la souffrance pour sauver l'honneur
national.

Nous autres, riches, prospères, et puissamment forts, n'avons pas levé un doigt pour punir
les outrages qu'on leur a infligés. Nous avons
craint que notre propre sûreté et nos aises en fussent compromises, — preuve que nous avions peu
de dispositions pour nous sacrifier en tant que
nation, et pour comprendre le véritable internationalisme. C'est là un égoïsme grossier, qui
place le bien-être matériel au-dessus de la foi
en un idéal élevé. Et cet égoïsme de la nation,
manifesté sous le gouvernement du président
Wilson et du secrétaire Bryan, était double-

ment nuisible, parce qu'il était proclamé bruyamment comme une vertu.

L'un de nos péchés habituels, en tant que nation, a été d'encourager les serviteurs de l'Etat, et nos orateurs de toute sorte, à prêcher un idéal impossible, et de nous imaginer que ces beaux discours nous dispensaient de mettre notre idéal en pratique. L'essentiel est que, comme nation, nous disions ce que nous pensons et que les serviteurs de l'Etat disent ce qu'ils pensent. Qu'ils le disent aux autres nations, qu'ils le disent à nous-mêmes.

Demandons qu'eux et nous, nous prêchions un idéal réalisable, et qu'eux et nous, nous nous élevions à la hauteur de cet idéal! Ne laissons pas se creuser un abîme infranchissable entre une promesse exagérée, et la pitoyable insuffisance de sa réalisation!

L'exemple de la Belgique nous montre bien ce que veulent dire nos serviteurs de l'État et nos humanitaires professionnels, quand ils préconisent un idéal élevé et une haute moralité internationale.

Si nous demandons la paix à grands cris sans ajouter que la Belgique doit obtenir justice *avant* la conclusion de cette paix, nous outrageons la morale internationale.

Si nous n'avons pas la volonté d'encourir des risques de pertes, ni de tenter l'effort nécessaire pour aider la Belgique, nous montrons que nous n'avons pas qualité pour parler d'internationalisme. Mais ce n'est pas tout. C'est une hypocrisie odieuse que d'agir comme a agi cette administration, et de refuser de soutenir les droits des neutres lorsque, dans un cas comme celui de la Belgique, ces droits ont été, de la façon la plus évidente, foulés aux pieds ; conduite d'autant plus odieuse que, lorsqu'il s'agissait de nos intérêts pécuniaires, nous avons réclamé à grands cris en faveur de ces droits des neutres. Agir ainsi, c'est mettre le corps au-dessus de l'âme, le dollar au-dessus de l'homme.

En outre, lorsque, dans le premier et le pire des cas de violation des droits des neutres, nous avons ainsi reculé devant notre devoir, nous nous sommes mis dans l'impossibilité de protester efficacement contre des violations ultérieures. L'Allemagne qui, plus que tout autre, a fait litière des devoirs envers l'humanité et

des droits des neutres, a clamé à grands cris,
avec une effronterie colossale, que nous devrions
faire des démarches pour « assurer la sécurité
des droits des neutres sur les mers », pour
« établir la liberté des mers », pour « assurer
la sécurité et la neutralisation de l'Océan ».
Et les Germanophiles de ce côté de l'eau ont
répété ces phrases avec une fidélité de per-
ruches. Mais, en premier lieu, toutes les atteintes
portées à la liberté des mers, pendant cette
guerre, n'ont aucune importance si on les compare à l'infamie commise en Belgique, ou aux
crimes commis par les sous-marins allemands
et autrichiens, qui ont massacré plus de deux
mille non-combattants.

En second lieu, jusqu'à ce que les nations civilisées actuellement en paix, et plus spécialement
les États-Unis, prennent une part effective à la
répression de la violation du territoire neutre
de la Belgique par l'Allemagne, il est absolument inutile de parler de la neutralisation des
mers. Si les États-Unis étaient intervenus
promptement et effectivement en faveur de la
Belgique, il aurait été de leur devoir d'intervenir
aussi contre toutes les nations, qui, sur mer ou

sur les côtes, ont été postérieurement coupables de violations de la loi internationale et des règles établies par les conventions de La Haye ou de Genève. Mais ce premier devoir n'aura pas été effectivement mené à bien tant que le principal offenseur n'aura pas été traité comme il convient. C'est couardise et mauvaise foi d'intervenir seulement pour les offenses moins importantes.

Soyons fidèles à notre idéal démocratique, non pas en débitant des platitudes, ou en prononçant des discours tumultueux, mais en nous comportant de façon à montrer que la démocratie est capable de protéger le bien-être public durant les périodes de paix, et d'assurer les libertés nationales en temps de guerre !

Un gouvernement libre, incapable d'organiser et de maintenir une armée et une marine en état de combattre aussi bien que celles d'une autocratie ou d'un despotisme, ne survivra pas.

Il nous faut une marine et une armée professionnelles de première classe. Il nous faut aussi assurer le service obligatoire et universel pour tous nos jeunes gens. Notre démocratie doit se montrer capable de rendre le peuple sain, fort ;

de favoriser la production industrielle, d'assurer la justice, d'inspirer un patriotisme intense ; elle doit faire que, chez nous, tous nos concitoyens soient à même de comprendre que si, le jour où on a besoin d'eux, ils ne veulent pas servir la nation, ils ne méritent pas d'être des citoyens en temps de paix. L'idéal démocratique doit être de subordonner le chaos à l'ordre, l'individu à la communauté, l'égoïsme individuel à l'oubli de soi ; de faire comprendre à tous que nul n'a droit au titre de citoyen s'il ne remplit pas tous ses devoirs envers autrui, et envers sa nation ; s'il n'est prêt à faire son devoir non seulement en temps de paix, mais également en temps de guerre.

Il n'est en aucune façon nécessaire qu'une grande nation soit constamment héroïque. Mais une nation n'a point en elle le principe de la grandeur, si, au moment voulu, elle ne peut pas s'élever jusqu'à l'héroïsme.

APPENDICE I

L'ASSASSINAT SUR MER

Le 9 mai 1915, deux jours après le torpillage du *Lusitania* par un sous-marin allemand, je publiais dans la presse les lignes suivantes :

« Les sous-marins allemands n'ont établi aucun blocus effectif des côtes de France et de Grande-Bretagne.

« Ils ont tenté d'empêcher l'accès en France et en Grande-Bretagne des navires français, anglais et neutres, en se livrant sur eux à des attaques qui violent tous les principes de la loi internationale, mentionnés dans d'innombrables traités existants, entre autres dans les Conventions de la Haye. Beaucoup de ces attaques tenaient de la piraterie pure, un grand nombre d'entre elles ont été accompagnées de meurtre et ont fait quantité de victimes. Dans le cas du *Lusitania*, le massacre a été général. Un certain nombre de bateaux américains avaient déjà été torpillés de la même façon. Deux fois il y eut des Américains parmi les victimes. Lorsque le *Lusitania* sombra et que deux cents non-combattants, hommes, femmes et enfants, furent noyés, plus de cent victimes étaient des Américains. Depuis des siècles aucun vaisseau de guerre d'une nation civilisée n'avait montré une telle cruauté envers des non-combattants, surtout envers des femmes et des enfants.

« Les pirates musulmans des côtes barbaresques se sont quelquefois conduits de façon semblable, avant que les nations civilisées se fussent unies pour les supprimer. D'autres pirates exclus du nombre de ces nations civilisées perpétrèrent aussi, à un moment donné, des actes semblables, jusqu'à ce qu'ils fussent pendus ou coulés. Mais aucun d'eux ne commit jamais de meurtre aussi important que le torpillage du *Lusitania*.

« Le jour qui suivit la tragédie, les journaux publièrent qu'à Queenstown on trouvait par dizaines des corps de femmes et d'enfants, quelques-unes de ces femmes pressaient encore contre elles le cadavre de leurs bébés qu'elles tenaient dans leurs bras quand la mort les surprit.

« Dans une autre colonne, les mêmes journaux racontaient la joie manifestée par la presse berlinoise à la suite de cette « grande victoire de la police allemande ».

« C'était une victoire sur les inoffensifs et les innocents, une victoire dont les trophées étaient des cadavres de femmes et d'enfants.

« Nos traités de 1785, 1799 et 1878 avec la Prusse, encore en vigueur à l'époque actuelle, stipulent que si l'une des parties contractantes est en guerre avec toute autre puissance, les libres relations et le commerce des sujets ou citoyens de la partie restée neutre avec les puissances belligérantes ne seront pas interrompus.

« L'Allemagne a traité ce contrat comme elle a traité d'autres chiffons de papier.

« Mais l'offense va beaucoup plus loin encore. L'action des sous-marins allemands dans les cas cités ne peut être justifiée que par une excuse qui, si elle était admise, justifierait l'empoisonnement des puits sur le chemin d'une armée ennemie ou l'expédition de chiffons infectés de bacilles dans un pays hostile, la torture des prisonniers, ou la vente comme esclaves des femmes capturées. Pour ceux qui admettent cette excuse, il n'est qu'une réplique : l'emploi de la force, l'énergie et le courage de l'homme juste. Quand les chefs chargés de la police militaire d'un pays donnent les Huns en exemple aux soldats de leur armée, ils se rendent responsables de tous crimes dignes des Huns qui pourront être commis.

« La destruction de cités comme Louvain et Dinant, la vivisection scientifique de la Belgique, en guise d'avertissement aux autres nations, les horreurs commises sur des civils, hommes, femmes et enfants, en Belgique et dans le nord de la France, en vue de terroriser les populations, ces crises ont maintenant leur parallèle sur mer.

« En face de tels faits, nous méritons, comme nation, un dédain et un mépris sans bornes si nous suivons ceux qui mettent la paix au-dessus du droit, si nous prêtons attention aux bêlements de ces timides criant : « La paix ! la paix ! » quand les événements les démentent.

« Pendant de longs mois, notre Gouvernement a gardé entre le bien et le mal une neutralité qui aurait excité l'envie de Ponce Pilate, ce type du neutre de tous les temps.

« Nous avons allégué, pour nous justifier de ne pas faire notre devoir au Mexique, l'avantage qui en résulterait pour les dollars américains.

« Allons-nous maintenant changer d'idée et invoquer l'intérêt suprême des dollars américains comme une justification de notre refus d'accomplir le devoir que nous impose la guerre européenne ? A moins que nous ne prenions une décision immédiate et énergique, nous aurons failli au devoir exigé par l'humanité en général, exigé plus clairement encore par l'amour-propre de la République américaine.

« Nous n'avons pas agi sans délai, avec vigueur et décision, nous n'avons pas agi du tout.

« Immédiatement après le torpillage, le Président a prononcé un discours où se trouvait la phrase restée fameuse : « Nous sommes trop fiers pour combattre ».

« Ces mots furent compris, et avec raison, par les nations étrangères comme une déclaration de notre chef officiel, consentant à nous placer, au point de vue de l'esprit national et de la puissance, au même rang que la Chine.

« Si les États-Unis sont satisfaits de la perspective d'occuper, dans un certain temps, la position internationale que la Chine occupe maintenant, alors les États-Unis peuvent se permettre d'agir suivant cette théorie. Mais ils ne le peuvent pas s'ils désirent regagner la situation acquise du temps de Washington, et maintenue par les hommes qui, à l'époque d'Abraham Lincoln, portèrent le bleu sous Grant et le gris sous Lee. J'espère très sincèrement que le Président agira promptement.

« Cent cinquante bébés noyés sur le *Lusitania*, des centaines de mères disparues avec eux et le bateau américain le *Gulflight*, torpillé par la suite, voilà un commentaire éloquent des conséquences de la théorie suivant laquelle : « Il n'est pas nécessaire de soutenir ses droits ».

« Je vois dans les dépêches venant de Washington que l'Allemagne offre maintenant de cesser les meurtres en haute mer, si nous abandonnons nos droits de neutres, qu'elle s'est solennellement engagée à nous laisser exercer librement.

« Une telle proposition ne mérite même pas de réponse.

« La fabrication et les envois d'armes et de munitions
à quelque belligérant que ce soit sont moraux ou immo-
raux, suivant l'emploi qui sera fait de ces armes et de ces
munitions. Si elles sont destinées à empêcher de punir
l'horrible traitement infligé à la Belgique, il est immoral de les expédier. Si elles doivent servir, au contraire,
à châtier les coupables et à rendre la Belgique à son
peuple, ces envois sont éminemment moraux.

« Dans un délai de moins de vingt-quatre heures, notre
pays pourrait agir d'une façon effective, prendre pos-
session de tous les bateaux allemands internés, y compris les bateaux de guerre allemands, et les conserver
en garantie que toute satisfaction nous sera donnée.

« En outre, il déclarerait qu'en raison des atteintes portées par l'Allemagne aux droits des neutres, tout commerce avec l'Allemagne sera défendu, et tout commerce, quel qu'il soit, permis et encouragé avec la France,
l'Angleterre, la Russie et le reste du monde civilisé.

« Je ne crois vraiment pas que la ferme proclamation
de nos droits signifie la guerre, mais, de toute façon,
il convient de se rappeler qu'il est des choses pires
que la guerre.

« Comprenons, en tant que nation, que la paix ne vaut
que lorsqu'elle sert le droit international, l'amour-
propre national ! »

APPENDICE II

LES MASSACRES D'ARMÉNIE [1]

24 novembre 1915.

Cher Monsieur Dutton,

Si blasés et déprimés que nous soyons par l'accumulation d'horreurs dont il nous a fallu être témoins depuis un an et demi, la nouvelle du sort épouvantable infligé aux Arméniens, ne peut manquer de nous causer un choc nouveau de sympathie et d'indignation. Après quoi j'ajouterai que, de même que toute sympathie est inutile si elle n'est accompagnée d'indignation, de même l'indignation l'est à son tour si elle se traduit par des mots et non par des actes.

Si notre peuple, à travers son gouvernement, n'avait pas évité de faire son devoir au Mexique depuis cinq ans, s'il n'avait pas agi de même dans la Grande Guerre européenne depuis les seize derniers mois, nous pourrions faire quelque chose d'utile pour l'Arménie. Tandis que nos réunions en faveur des Arméniens ne font que créer une émotion sentimentale, mais nullement effective chez ceux qui y prennent part. En vérité, elles arrivent à un résultat négatif. Aussi longtemps

[1] Lettre écrite à M. Samuel T. Dutton, président du Comité américain de protestation contre les atrocités arméniennes.

que ce gouvernement, qu'il s'agisse du Mexique, de
l'Allemagne, de la Guerre européenne ou de la Belgique,
suivra les principes des partisans de la paix à n'importe
quel prix, et des pacifistes professionnels, il sera aussi
impuissant au point de vue du droit international que
la Chine elle-même. Ceux qui agissent d'après la devise
« notre sûreté d'abord » ont à peu près les mêmes
principes qu'un homme qui, sur un paquebot qui
coule, bouscule les femmes et les enfants pour descendre avant eux dans les canots de sauvetage. Jusqu'à
ce que nous mettions l'honneur et le devoir au premier
rang et jusqu'à ce que nous consentions à risquer
quelque chose pour nous et pour les autres, nous n'ac-
complirons jamais rien, et nous ne ferons que nous
attirer le mépris mérité des grandes nations de l'humanité.

Une des raisons pour lesquelles je ne tiens pas à
prendre part à la réunion en faveur des Arméniens,
est que ceux qui ont prêché le pacifisme professionnel
et qui ont refusé d'agir dans l'intérêt des Belges, prennent cette attitude en faveur des Arméniens, uniquement parce qu'en Amérique, il n'y a pas d'électeurs
turcs, parce que la Turquie n'est pas notre voisine
immédiate comme l'est le Mexique par exemple, parce
qu'elle n'est pas une puissance agressive et formidable
comme l'Allemagne, et enfin parce qu'il n'est pas dangereux, politiquement et matériellement, de la menacer. Les pacifistes professionnels américains, les
partisans de la paix à n'importe quel prix qui se réu-
nissent et protestent avec des mots vides de sens contre
la guerre et contre les atrocités turques, s'agitent,
mais le résultat obtenu n'est pas plus important que si
le même nombre de pacifistes chinois tenaient un
meeting analogue à Pékin. Ils n'ont pas de nattes, mais

il est regrettable qu'ils ne portent pas quelque signe visible similaire montrant leur dégradation nationale. Ils ne font rien en faveur de la paix, et ils agissent au détriment de la justice. Ils font le mal au lieu de faire le bien ; et ils discréditent fortement la nation à laquelle ils appartiennent.

La conduite de notre gouvernement durant la guerre, et son refus absolu d'accompagner ses paroles par des actes, rend tout à fait impossible une exigence quelconque de sa part, quelle qu'elle soit, en Russie, en Roumanie, ou n'importe où. Une nation trop timide pour protéger son propre peuple du crime et de l'outrage, et pour parler en faveur de la Belgique, n'aura pas beaucoup de poids lorsqu'elle « protestera » ou « exigera » quelque chose dans l'intérêt des Arméniens torturés. Les puissances étrangères comprendront aisément qu'elle agit ainsi parce qu'il n'y a pas d'électeurs turcs à craindre chez nous et elles nous mépriseront en conséquence.

Toutes les terribles iniquités des deux années dernières, aboutissant à cette iniquité suprême qu'est le massacre en masse des Arméniens remontent en droite ligne au crime initial commis contre la Belgique ; et la responsabilité de l'Allemague dans ce crime doit être partagée par les puissances neutres, les États-Unis en tête, en raison de leur silence à son sujet.

L'invasion de la Belgique fut suivie d'une politique de terrorisme contre la population belge, de l'exécution d'hommes, de femmes et d'enfants, de la destruction de Dinant, de Louvain et de bien d'autres endroits ; du bombardement de villes ouvertes, non seulement au moyen de l'artillerie, mais au moyen des avions, tuant des milliers de citoyens anglais, français, belges et italiens ; détruisant de magnifiques temples et de grands monuments à Reims, à Venise, à Vérone. La dévastation de la Pologne et de la Serbie a été horrible par delà toute description tant elle fut épouvantable et les horreurs qui y furent commises dépassent celles des guerres européennes de religions et de races, au XVIIe siècle. De tels actes ont été commis par des puissances européennes soi-disant chrétiennes, depuis l'invasion de la Belgique par l'Allemagne jusqu'à l'exécution de Miss Cavell par le gouvernement allemand. Tout cela a été si terrible qu'il faut espérer ne jamais revoir pareils crimes dans une guerre civilisée. L'assassinat de Miss Cavell n'aurait pu être commis pendant la guerre civile. Les pacifistes qui n'osent prendre la parole au nom de la justice, et qui occupent un rang aussi important et aussi déplaisant aux Etats-Unis sont responsables de ces monstruosités et doivent en partager la responsabilité avec la nation militariste par excellence.

Et ce sont tous ces crimes monstrueux qui viennent d'aboutir au massacre des Arméniens par les Turcs. Les Arméniens ont souffert de telles choses qu'il est difficile d'en parler. Il est épouvantable de penser que cela puisse encore se produire, et que les Etats-Unis demeurent « neutres non seulement en actes, mais en pensées » entre le bon droit et la plus hideuse des injustices, neutres entre le mal victorieux et le désespoir d'un peuple pourchassé, dont les enfants ont été assassinés et les femmes violées.

En Chine, il y a maintenant un grand nombre de Chinois qui essaient de relever leur pays. Les conditions dans lesquelles a vécu ce pays en font le plus grand exemple d'un peuple pacifiste, partisan de la paix à n'importe quel prix, et non militariste. A cause de leur culte pour le pacifisme, les Chinois, comme les Coréens, et tout à fait au contraire des Japonais, sont devenus totalement impuissants à se défendre, et à gagner ou retenir le respect des nations étrangères. Naturellement, il leur est encore plus impossible d'agir pour les autres. Les pacifistes professionnels américains sont anxieux de voir l'Amérique suivre l'exemple de la Chine. Ils représentent la plus mauvaise influence qu'ait subi l'Amérique depuis les cinquante dernières années ; et depuis cinq ans, ils ont, en matières internationales, dirigé notre politique gouvernementale ! Ces hommes, qu'ils soient politiciens, publicistes, directeurs de collèges, capitalistes, chefs socialistes ou philantropes, ont fait tout ce qu'ils ont pu pour relâcher la fibre du caractère américain et affaiblir la force de la volonté américaine. Ils apprennent au peuple à chercher cette sécurité abaissante qu'on trouve dans l'amour de ses aises, dans la peur du risque à courir, dans l'effort lâche pour éviter le devoir difficile ou simplement hasardeux — une sécurité qui achète la paix, en ce moment, non seulement au prix d'humiliations actuelles mais aussi au prix de désastres à venir. Ils cherchent à rendre ce pays semblable à la Chine. En agissant ainsi, non seulement ils travaillent à notre ruine, mais à celle irrémédiable de la grande expérience démocratique sur laquelle notre puissante république américaine est basée ; et du même coup, ils nous rendent impossible tout travail pour les autres. Nous avons refusé de faire notre devoir vis-à-vis de la Belgique, nous refusons de le faire en faveur de l'Arménie, parce que nous avons défié la paix à n'importe quel prix, parce que nous avons prêché et pratiqué ce mauvais pacifisme qui encourage le militarisme étranger. Un tel pacifisme place la paix au-dessus du bon droit, et la sûreté actuelle au-dessus du devoir du moment et de la sûreté future.

Je suis sûr que tous les Américains dignes de ce nom, ressentent la plus grande sympathie pour les Arméniens et la plus grande indignation contre leurs agresseurs. Je suis sûr qu'ils éprouvent le même sentiment au sujet de la ruine de la nation belge et qu'ils sentent qu'une paix obtenue sans avoir rendu la Belgique à son propre peuple et redressé les injustices souffertes par l'Arménie, serait une paix pire que n'importe quelle guerre. Je suis sûr qu'ils comprennent que, jusqu'à ce que l'Amérique prépare sa propre défense, elle ne peut rendre aucun service aux autres ; et que dans de telles circonstances, elle ne recueillera que des moqueries en formant des ligues mondiales pour la paix, des traités d'arbitrage et des propositions de désarmement semblables à ceux négociés il y a un an ou deux à Washington, et promptement négligés par le gouvernement même qui les avait négociés.

Mais encore nous faut-il comprendre que les paroles des faibles et des lâches, des pacifistes et des poltrons, sont impuissantes à arrêter le mal. Il ne pourra être empêché que lorsque des hommes, aussi justes que braves, plaçant l'honneur au-dessus de la sécurité, fidèles à un idéal élevé, se prépareront d'avance à rendre leur force effective, et n'hésiteront pas à en venir à la guerre si elle est nécessaire pour servir la grande cause de la justice. Lorsque notre peuple aura compris cela, nous serons alors capables, d'une façon effective, de prendre une attitude dans les affaires internationales, attitude qui empêchera que de tels cataclysmes se reproduisent.

Sincèrement vôtre

Théodore Roosevelt.

TABLE DES MATIÈRES

		Pages.
Préface de l'Auteur		1
I.	Crains Dieu et ne crains pas de faire ton devoir.	1
II.	La puissance militaire condition indispensable du maintien des valeurs sociales	49
III.	Où il y a une épée pour l'attaque, il doit aussi y avoir une épée pour la défense	59
IV.	L'Amérique d'abord : un simple mot ou un fait ?	84
V.	Le devoir international et l'américanisme d'occasion.	119
VI.	La paix assurée par la préparation à la guerre	129
VII.	Le seul ami de l'oncle Sam, c'est l'oncle Sam	172
VIII.	Fini de rire au Mexique	201
IX.	Conclusion.	208
Appendice I.	L'assassinat sur mer.	217
Appendice II.	Les massacres d'Arménie	222

www.ingramcontent.com/pod-product-compliance
Ingram Content Group UK Ltd.
Pitfield, Milton Keynes, MK11 3LW, UK
UKHW021514090726
13657UKWH00001B/233